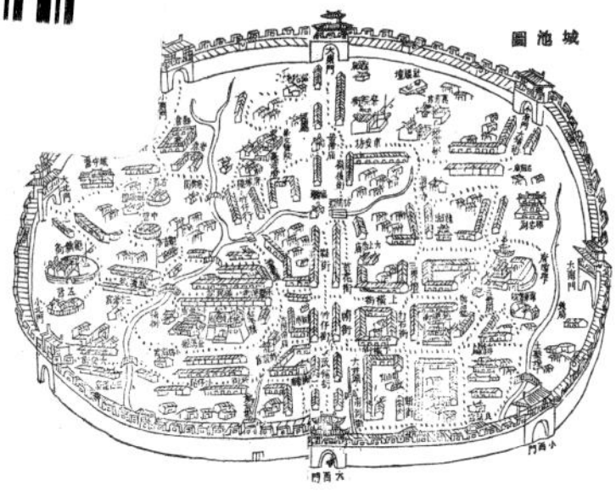

穿越臺灣趣歷史2

從猴猴族到茶金，考古最有戲的臺灣史

賴祥蔚——編著

序

前幾年因為撰寫歷史小說與影視劇本，赫然發現臺灣到處都充滿了許多傳奇的歷史內幕，在西元二〇二一年集結多篇文章，出版《穿越臺灣趣歷史：從猛獁象到斯卡羅，考古最在地的臺灣史》，引起了許多讀者的回應，銷量出乎意料之外的好，三個月後就承蒙時報出版董事長趙政岷鼓勵再寫第二集。

這幾年研究永續，深感很多人只關心環保，卻忽略文史永續。聯合國大力倡導的永續，是從企業社會責任（CSR）、ESG（環境、社會、治理）持續發展而來。永續最簡單的定義，就是「留給後代子孫一個不比現在差的地球」，如果不保留文史記憶，後代子孫如何知道地球不比現在差呢？因為永續，歷史更有意義。藉由主持中華傳播管理學會的多項相關計畫，繼續與多位助理合作挖掘真實的臺灣史，陸續發表文章，在過程中發現臺灣有許許多多充滿故事性的歷史，很多古物與史蹟已經隨著快速的都市變遷與發展而在不知不覺間消失，所幸還有一些殘存；至於珍貴的歷史也漸漸被民眾遺忘，有的歷史還出現了不同版本的說法，甚至更有以偏概全、乃至於以訛傳訛的歷史陳述。

這本書繼續秉持初衷，多方調查考證之後，努力以通俗平順的文字分享真實歷史，呈現充滿傳奇與趣味的臺灣史，裡面有許多發現，還可能會顛覆以往的歷史認知，希望讀者在閱讀時能有宛如穿越時空的臨場感受與收穫。

【輯一】

目錄

【輯二】

【輯三】

【輯四】

【輯五】

輯　一

臺灣漢人的平埔族血統解謎

臺灣的漢人有平埔族的血統嗎？這是過去一段時間，很多臺灣民眾都曾經好奇的問題。

前幾年網路上流傳一些判斷自己是不是平埔原住民族的方法，例如擁有深邃的雙眼皮、小腳趾頭的指甲外側沒有分岔出一小片等等。這些說法未必真實，科學性有待檢驗。坊間還有專書教人判斷，很認真拜讀之後，還是無法根據書中內容判斷是不是有平埔族血統。

西元二〇一七年生日時，在臉書分享跟母親的合照，懷念在天上的媽媽。很多朋友看了都說我跟媽媽長得很像，還因此收到了一則非常特別的訊息。

發來訊息的人，是臺灣的血液疾病權威——陳耀昌教授。陳教授不但是醫學專家，也是知名的歷史小說作家，他的歷史小說《傀儡花》，在西元二〇二一年由曹瑞原導演改編為公視的旗艦大戲《斯卡羅》，引發一波臺灣史的討論熱潮；陳教授的《島嶼

DNA》大作，透過「疾病人類學」分析臺灣人的血統，這是因為不同人類族群的常患疾病也會不一樣，書中提到臺灣偶像歌星周杰倫因為患有「僵直性脊椎炎」，這種疾病很可能有北歐人的血統；陳教授也推論臺灣人跟古代漢人的血統，其實存在著南、北的不同，這引起臺灣人對於自己血統的高度好奇。

陳教授發訊息問我說：「令堂的照片，看起來可能四分之一平埔？」他進一步詢問：「她是哪裡人？可以知道嗎？」

陳教授的這問題讓人非常好奇，照片怎麼看出四分之一平埔？

陳教授回說：「這個……，一言難盡。自小能自長相猜省籍。」

我的母親世代居住於碧潭，最少有兩百多年了，祖先有沒有可能跟平埔族有關，當時還真是不知道。後來花了兩年多的時間，認真對於母親的家族史進行拼湊，找出許多傳奇，那是另一段故事了。

對於平埔族血統，有的文史專家建議，從日治時期的戶籍謄本或許可以看出蛛絲馬跡，因為如果註記「生」就是山地原住民，註記「熟」就是平埔族等平地原住民。申請戶籍謄本一看，沒有這些註記。但是意外發現外婆的媽媽「母不詳」，也就是說，我查得到外婆的外公名字，但查不到外婆的外婆的名字。

人人都是母胎懷孕所生，父不詳還說得過去，母不詳似乎太沒有道理。為什麼會這樣？據說其中一種可能就是原住民，漢人男性與原住民女性生下後代，但是刻意不提生母身分或是真實姓名。除此之外，還有一些可能的歷史原因。

查找歷史資料，外婆的媽媽出生那年，是清朝同治三年、西元一八六五年，臺灣有史以來最大的動亂「戴潮春事件」剛落幕。不知道這有關係嗎？

戶籍謄本記載，外婆的媽媽出生三年就被領養，領養者居住在基隆仙洞後莊的「不詳高地」。那是同治六年、西元一八六八年。比對歷史大事，在外婆的媽媽被領養的前一年，臺灣發生超級恐怖的「基隆大海嘯」，基隆七百多戶居民只剩下十六戶存活。如果以七百戶計算，存活率只有二．二八％，這數據真是另一種二二八慘案。難道外婆的媽媽是當年海嘯的倖存者？所以住在高地的領養者只知其父而不知其母？

外婆的媽媽會有平埔族血統嗎？既然「母不詳」，或許有可能外婆的外婆是平埔族，但是畢竟證據不足，不能憑空想像。

臺灣人有平埔族血統的人確實不少，一位世代住在錫口（現在的松山）的朋友說，他父親與母親的祖先都曾經娶過「平埔嬤」。另一位朋友本來以為自己是客家人，後來才從新竹的祖墳發現，原來祖先是平埔族的道卡斯族原住民，前幾代先被閩南人同化，後來又被客家人同化。

有沒有平埔族血統不能只憑猜想，除了家族記憶與史料記載，最新的科學尋根方式，是透過唾液的ＤＮＡ去解讀可能的血統來源。坊間提供這項服務的業者越來越多，有一次請教陳耀昌教授的意見，他不建議隨便去找一家有提供服務的業者，而是建議要找最好找有口碑的老牌機構，解讀會比較嚴謹而不會產生偏見。ＤＮＡ的解讀很重要，萬一亂認祖先或不認祖先，都會鬧出大笑話。尋根很有意義，結合科學根據，更能從家族史重新體驗臺灣史、甚至是人類史。

過年看到的「陌生」父親

很小的時候，有一年的過年，在很深很深的夜晚，我在家裡看到了父親，心裡卻覺得很陌生、很奇怪，又說不出為什麼。

這個人應該是我的父親，但是看起來不像我的父親，為什麼呢？當時年紀小，只是覺得很詭異，卻說不出原因，也不知道可以找誰問個究竟。

當天晚上一直在想這個謎團，整夜都沒睡好。隔天一早又看到父親，這時的父親已經恢復了「正常」，就像我從小到大看到的樣子。

那個晚上，為什麼我看到的父親會不太一樣？這個疑惑存在了一小段時間，我才終於明白，原來我看到的是拿下假牙的父親。

父親戴假牙，我一直都知道，平常看他吃東西，總是要注意假牙的咬合，也不方便啃食太硬的東西。只是在那一天之前，從來沒看過拿下假牙的父親。

這也難怪，父親總是家裡最早起、最晚睡的人。我起床準備上學的時候，他已經戴好假牙、開始雜貨店的生意了；我上床睡覺時，雜貨店尚未關門，父親還沒拿下假牙。

那一年過年，因為可以晚睡，我在無意間第一次看到了拿下假牙的父親，那時父親的面容比平常乾癟，彷彿瘦了一點、老了幾歲。

父親很晚才生下我，從小我就有一個老父親，但是在那個晚上，我才真正感覺原來父親年紀很大了。後來上學，每次父親到學校，老師都會說：「你爺爺來了。」年紀比我大十五歲的大哥來學校時，老師則說：「你爸爸來了。」有時還會說：「你爸爸好年輕。」

從有記憶的時候開始，父親就常常生病住院。所以知道父親戴假牙，一直也不覺得有什麼稀奇。

有一年我跟女兒說起了這個床前故事，心裡忽然好奇：「為什麼父親會戴假牙呢？」父親中年以後經常生病，但是這跟戴假牙之間沒有必然的關係。從我有記憶開始，父親就是戴著假牙。為什麼呢？

問了比我年長十五歲的大哥，得到了一個可能的答案。

在父親過世前寫下的簡短自傳，提及他年輕時曾經周遊各地屠宰場，靠著撈豬毛、販售豬鬃營生。

以前不知道這種工作會有什麼後遺症。直到問了大哥才知道。大哥說可能是父親那時候整理洗好的豬鬃，綁豬鬃時都用牙齒去咬緊綁繩，長久下來就把牙齒都弄壞了，只好換上假牙。

父親年輕時到臺北討生活，當過師大附中的總務人員，後來苦於薪水太少，改到瑞芳的榮隆煤礦去當礦工，又覺得這種日子難以維持，於是改做豬鬃，收入改善很多，但是後來又改行。以前沒想過為什麼父親後來又改行，莫非就是因為牙齒出了問題？以前只知道在那之後，父親染上一場大病，無力維生、告貸無門，淪為二級貧戶。

這場大病的許多後遺症，在我出生之前就一直羈絆著父親。從我有記憶以來，父親經常住院，飽受痼疾折磨，直到他在我國中時離開人世。

在我出生前，父親曾經跌到人生的最谷底，但是他靠著求生意志與不停努力，不但陸續還清了債務，還買了房子、開了一間小雜貨店，選上里長，直到走完人生歲月。

我出生的家、過年總是不歇業的小雜貨店，裡面那個永遠守著家、守著雜貨店的身影，總是清楚浮現在眼前，彷彿我只要回到那裡，就能再看見。

對女兒說睡前故事，提起兒時記憶中的父親時，常常會引發無限思念，每至哽咽。過年提起這個晚上看見陌生父親的故事，發覺自己對父親一生的歲月真是了解太少，少到簡直陌生。然而父親已經離開許久許久了，這時想要再去探詢父親的生平，幾乎無處可覓。

走過戰亂的父親，在文件上有兩個出生日期，相差八年，以前來不及問哪一個才是真的。多年以後，已經中年的我，特地回到父親成長的鄉下老家，竟聽到一個以前從沒想過的父親故事，不只年齡，連父親的大名也跟現在的不同。為什麼會這樣，至今仍然無解。在父親生前如果來得及問，或許三言兩語就有答案，現在要想尋找原委，多方努力卻無處解惑。

因為思念父親，連帶想知道臺灣走過的煤礦與豬鬃產業，這才知道這兩項產業跟臺灣曾經關係密切，也因此發現許多自己以前沒注意的臺灣史。

想帶著女兒向父親說一聲新年快樂，卻只能等待清明。

提起「殺豬拔毛」，老一輩的人們想到的，可能是很多老榮民身上常有的文字刺青「殺朱拔毛」，那是在國共內戰的氛圍下，老榮民用諧音表達出對於朱德與毛澤東的敵視。回顧西元一九三〇年代，當時朱德在中共黨內的排名順序，還在毛澤東之前。後來兩岸融冰，老榮民可以回家鄉探親，身上的那些刺青還曾經造成不少困擾。

年輕人理解的殺豬拔毛，從文字來看來理解，當然不會錯，確實就是殺了豬、要拔毛，但是其實背後大有玄機。

殺豬當然要拔毛，這是因為豬毛難以下口。有句名言說：「死豬不怕開水燙。」一反映的其實是殺豬拔毛的進行程序，豬隻屠宰之後，再用滾水燙過，方便進行初步除毛，這時豬隻早就已經死透了，當然不怕開水燙，燙死豬的目的就是方便拔毛。

但是拔毛可不是那麼簡單而已，其中還牽涉武器經濟學。這是因為豬鬃是清理炮筒的重要材料，一度更是輝煌的產業。

豬隻全身都有毛，但豬鬃只是豬頸背部生長的剛毛，以前可以拿來製作牙刷、鞋刷、梳子等各種生活用品。

早在清朝後期，中國的豬鬃加工製品就出口世界各地。西元一九二〇年代更出現了號稱「猪鬃大王」的古耕虞，獨佔中國對美國的豬鬃出口。

臺灣也曾經有豬鬃加工產業，當時多數的屠宰場在用開水燙過死豬之後，豬毛都當成廢棄物直接隨著污水流入排水溝。但是就有頭腦動得快的商人，從污水中撈取豬毛，挑出豬鬃，用手工方式清洗分類，再按照豬鬃的長短，分類販售給加工廠。

豬鬃的撈取與分類販售，是一門辛苦的工作。一來，早期豬隻屠宰廠的規模多數不大，脫落的豬毛豬鬃也少，蒐集的小業者必須召集工人到處去趕場，每到一地，先找簡陋工寮，可住也可動工。二來，傳統豬隻的屠宰，內臟與血盡出、屎尿齊下，怵目驚心；等滾水一燙，豬毛豬鬃脫落，一同落入溝渠，再流入排水溝，工人在溝渠與排水溝撈取的過程，必然充滿惡臭，清洗後的捆綁成束，則要靠工人用雙手綁緊，甚至用牙齒去咬緊綁繩，以免豬鬃掉落。有些工人為了趕工太過認真，後來竟因此而牙齒鬆脫，必須戴假牙，得不償失，但是那時懊悔也來不及了。

西元一九八〇年代，中國豬鬃加工產業在改革開放之後迅速崛起，處處都有加工，再集中大量出口，豬鬃因此被稱為「軟黃金」、「黑金」。

在此同時，臺灣的豬鬃加工產業則因為利潤有限，漸漸消失，在臺灣大概已經絕跡大概四十年了。從此以後，臺灣屠宰廠的豬毛豬鬃，絕大多數就當成垃圾處理，初期是清潔隊，後來由廢棄物清理公司處理，養豬協會也會收集當成肥料。

尼龍產品出現之後，豬鬃的功能被大量取代，如今只有炮筒刷子、高級梳子等還是使用豬鬃，但是規模已經遠遠不如過往，多數地方的養豬場現在都已經沒人去收集豬鬃了。

甘蔗在臺灣很受歡迎，而且有三大傳奇，一是在臺灣的歷史非常悠久，算得上是臺灣人最早種植的水果之一；二是甘蔗對臺灣經濟產生很大的貢獻；三是更因此影響了臺灣的命運。

蔗糖的起源相當早，漢朝楊孚撰寫的《異物志》已經有記載：「長丈餘，頗似竹，斬而食之既甘，迮取汁如飴餳，名之曰糖。」

甘蔗歷史悠久，在我的生命也很早就出現。有一段三歲左右的清晰記憶——「吃木棍」。

那天媽媽提了大包小包的菜，走回自家雜貨店，看到我在店裡，就從袋子裡拿出了一根白淨的木棍。

頓時一驚，心想：我今天還沒闖禍吧？怎麼忽然就抽棍子了？是剛剛偷吃店裡賣的豬肉乾被發現了嗎？但是媽媽才回來，沒可能這麼快就知道啊？

說時遲、那時快，還在胡思亂想瞎擔心之際，媽媽微笑問：「要吃嗎？」

啥？吃？當下整個傻眼，心想：「這是木棍耶，媽是在開什麼玩笑嗎？」

媽媽看到我這個傻兒子滿臉都是疑惑，又笑著說：「這真的可以吃啦。」她示範咬了一口，又拿出另一根木棍遞過來。

我接下白木棍，觸感清涼，還不錯；輕輕咬了一口，立刻嚐到甘美；小口連連咀嚼，嘴裡滿滿都是最新鮮的甜汁，忍不住一邊啃食一邊問：「這是什麼？」

「甘蔗啊。」媽媽說。

從此跟甘蔗結下了不解之緣，一吃數十年。

我是三歲吃甘蔗，臺灣人卻是何時開始吃甘蔗？又是什麼時候開始種植甘蔗？甘蔗來到臺灣，很多人以為應該是俗稱荷蘭人的尼德蘭人，在西元一六二四年來臺的時候才引進。其實更早，而且有確切證據。

明朝萬曆三十年、西元一六〇二年，當過官的旅遊家陳第，因為隨著沈有容將軍的海軍艦隊追剿海盜與倭寇，到了臺灣的大員一帶停留多日。他觀察當地的原住民生活情形與山川產物之後，寫成了〈東番記〉一文，這是目前已知全世界對臺灣原住民最早的文字紀錄。陳第記載提到的東番地名，包括了魍港、大員、小淡水，大概是今天嘉義布袋、臺南及高雄一帶。文中描寫臺灣當時的種植作物，明確提到：「果，有椰、有毛柿、有佛手柑、有甘蔗。」

由此可見，早在西元一六〇二年臺灣就有人種植甘蔗了。但最早是什麼時候？從哪裡傳來？這就有待進一步研究了。

有人宣稱，甘蔗是唐朝時從印度傳到中國，然後再傳到臺灣。元朝末年的至正九年、西元一三四九年，航海家汪大淵撰寫《島夷志略》，提及「土番」以「釀蔗漿為酒」，也就是種甘蔗釀酒。

甘蔗到底是在何時、從何處傳入中國？那是另外一個問題。前述臺灣在元朝已經有甘蔗的說法可以參考，但是未必就是真實。因為《島夷誌略》固然是汪大淵記述他在西元一三三〇年以及西元一三三七年二度航海的親身經歷，但是書中提到的地方，到底是琉球還是臺灣？或是另有地方？有待進一步追查。

也有人認為，甘蔗來臺可能開始於明朝的萬曆、崇禎年間，因為有此一說：當時福建有災民數萬人移居臺灣，甘蔗可能就是那時候從福建移植過來。這個說法不完全正確，因為福建數萬災民移居臺灣是發生在明朝崇禎年間，而不是萬曆年間。

福建災民移臺，主要根據是明朝末年的大學者黃宗羲撰寫的〈賜姓始末〉。黃宗羲活在這段歷史發生的時間，文章內文有這麼一段記載：「崇禎間，熊文燦撫閩，值大旱，民饑，上下無策；文燦向芝龍謀之。芝龍曰：『公第聽某所為』；文燦曰：『諾』。乃招饑民數萬人，人給銀三兩，三人給牛一頭，用海舶載至臺灣，令其芟舍開墾荒土為田。」崇禎紀年開始於西元一六二八年，熊文燦也是在這一年當福建巡撫。不論黃宗羲寫的「崇禎間」是哪一年，絕不會早於西元一六二八年；至於「數萬人」是打算招募的人數還是後來的實際人數？是親見還是聽聞？這些都有待確認。

更何況，陳第來臺是在萬曆年間的西元一六〇二年，他已經看到臺灣有人種植甘蔗，明顯早於西元一六二八年才登場的崇禎時代，當然也早於據說鄭芝龍運送福建難民來臺。

西元一六二四年尼德蘭的東印度公司登陸臺灣，積極鼓勵種植甘蔗，臺灣糖的產量第一次大幅增加，而且開始出口到海外。這個時間也早於西元一六二八年登場的崇禎時代。值得注意的是，東印度公司在西元一六二八年從福建大量招募農民來臺種植甘蔗，促成在臺漢人的人口大幅增加。東印度公司招攬漢人來臺的這個時間點，應該不晚於黃宗羲記載鄭芝龍招募福建饑民來臺的時間，兩者有無關聯，令人好奇。

在這之前，推估在臺灣的漢人最多只有兩、三千人，遠遠少於可能有十萬人的原住民。周婉窈教授歸納指出，到了西元一六六一年，在臺的漢人已經將近三萬人。短短三十年，漢人增加了十幾倍，開始成為臺灣寶島的重要族群。隨著漢人的增加，在這個階段，臺灣的糖產量，也超過百萬斤。

從這個角度來看，如果說因為甘蔗的經濟效益，而在四百年前就影響了臺灣的命運，應該不算誇大。

甘蔗來到臺灣，後來又出口雲南。

雲南的彌勒市，位於雲貴高原。這個地方，對很多臺灣人來說可能有點陌生。但是，彌勒有一項可當伴手禮的美食特產——竹園紅糖，在近代史上卻相當傳奇，而且提煉的甘蔗是兩百年前從臺灣引進的。

彌勒市是昆明市的東南近鄰，其中的竹園鎮，就是竹園紅糖的發源地。竹園紅糖，讓清朝的首富得以賺到人生第一桶金。清朝首富，不是因為高陽小說與改編電視劇而大名鼎鼎的「紅頂商人」胡雪巖，而是跟胡雪巖同時代，實際人生卻更加傳奇的王熾。

王熾，雲南彌勒人，生於西元一八三六年，卒於西元一九〇三年，曾經風光無比，號稱「雲南錢王」。胡雪巖生於西元一八二三年，卒於西元一八八五年，略早於王熾，他因為高陽的歷史小說《紅頂商人》而廣為世人知曉。事實上，比財富、比紅頂，胡雪巖都不如王熾。胡雪巖的「紅頂」是從二品官銜；而王熾則有一品官銜，而且還獲賞「三代一品封典」。除此之外，英國《泰晤士報》當時列出世界最有錢的巨富，王熾名列第四，而且是唯一上榜的中國人。

彌勒在明清之際就有甘蔗，《彌勒州志》記載，乾隆年間竹園就種有少量甘蔗。但是，主要是果蔗，而不是糖蔗。甘蔗分兩種，果蔗的汁可鮮食，糖蔗才能熬成蔗糖。

清朝嘉慶年間，祖籍浙江的彌勒竹園人陳蒸，他是進士，曾經擔任臺灣府海防兼南路理番同知，又代理鳳山縣知縣，任內發現嘉義的「羅漢蔗」可以製糖，萬里迢迢運回家鄉讓兄長試種成功，竹園紅糖從此成為地方特產，惠及後來的雲南錢王、中國首富王熾；而且至今仍然是雲南名產。雲南產婦坐月子，現在還有吃紅糖煮蛋的習俗。

會知道這段臺灣甘蔗在兩百年前輸出到雲貴高原、嘉惠當地民眾的歷史，其實是因緣巧合。

宜蘭昭應宮後殿供奉對開發宜蘭有功的「三大老」：楊廷理、翟淦、陳蒸，他們是噶瑪蘭廳的前三任通判，通判也稱「分府」，輔助知府，管轄一廳，正六品。三大老以楊廷理最為有名，三度擔任臺灣知府，相當傳奇，是促成宜蘭開發最主要的官員。先前在《穿越臺灣趣歷史》一書，特別寫了他的故事。

噶瑪蘭廳設立於清朝的嘉慶十七年、西元一八一二年的八月，首任通判是翟淦；但是九月噶瑪蘭發生了嚴重的漢番衝突與漳粵械鬥，朝廷指派原任臺灣知府、正要前往福建擔任建寧知府的楊廷理暫代噶瑪蘭通判，至十二月事平，翟淦回任。楊廷理隔年病逝於臺南。翟淦在任五年，積勞成疾，卒於噶瑪蘭的官舍，繼任者就是陳蒸。

楊廷理、翟淦多有貢獻，而且都因公而死在臺灣，難怪讓人感念並供奉至今。至於陳蒸，擔任通判一年，與楊廷理、翟淦並列「三大老」，並且受到後人的供奉，應該有理由，但是卻沒有找到太詳細的記載，因為好奇而到處尋覓資料，這才意外發現這段臺灣甘蔗因為陳蒸來臺當官，而在兩百年前輸出到雲南的彌勒、並且催生當地名產竹園紅糖的往事。

新莊最早遊記　重現消失的行業

一百多年前，有一名外國官員遊歷臺灣，寫下了很詳細而獨特的遊記。這本遊記提到當年新莊有三大特產，其中兩項如今已無蛛絲馬跡，尤其最後一項，讓人覺得很驚奇。

這本臺灣遊記本身的命運也充滿驚奇，本來西元一八七四年就要在日本出版，卻陰錯陽差沉寂了一百多年，原稿幾乎散失，還差點因為火災而焚毀，後來找到完整檔案，才在臺灣獲得出版的機會。

這本遊記的作者，就是因為公共電視歷史劇《斯卡羅》而被觀眾重新認識的李仙得（**Charles W. Le Gendre**），他曾經記載自己從淡水坐船一直到了新莊（當時名為新庄），在遊記中提到西元一八七〇年的新莊街區長度大約一英里半（大約二．四公里），相當商業化，是個很大的稻穀市場，製造棺材跟竹傘也是當地的主要行業。

新莊在西元一八七〇年代是稻穀集散地，這不稀奇，老街至今還有米市巷的遺跡。至於棺材業，新莊地區六十歲以上的耆老都還記得，在新莊街附近有一條街，就在半個世紀前，幾乎一眼望去就有好幾家棺材店，不過這幾年都已經陸續收起來了。倒是製造竹傘，幾乎沒有其他文獻記載過新莊的這個老產業，地方耆老也沒印象。

這本傳奇的遊記，原來的英文書名是 Notes of Travel in Formosa，福爾摩沙旅行筆記，在臺灣出版取名為《李仙得臺灣紀行》。

艋舺與大稻埕在歷史上興起，有很多原因，其中之一是新莊因為河道淤積而沒落。這個說法看起來合理，仔細對照現在的地圖，就會發現很怪，因為海上船隻如果要從淡水河進入內陸，應該是先到艋舺，轉進了大漢溪之後才會抵達新莊。

既然艋舺在前、新莊在後，怎麼會因為淡水河或大漢溪的河道淤積，而造成新莊沒落，然後艋舺才得以興起呢？

有人說，淤積的不是淡水河或大漢溪，而且現在的二重疏洪道。這也不對，就算從海上經過二重疏洪道要進入內地，也是先到艋舺後才會到新莊。

除非，從淡水河進來的船隻，以前另有河道可以直達新莊，但是後來淤積了。

問題是，在現在的地圖上，除了淡水河與大漢溪之外，已經完全看不到有任何其他可以從海洋直接通往新莊的河道。或許，曾經有過古河道，但是在兩百多年來的淤積之後，終於完全消失不見了。如果這樣的話，還能找到證據來證明有這條古河道嗎？

回顧歷史，大約在清朝嘉慶四年（西元一八〇〇年），新莊的港口已經「千帆林立」，成為北臺灣的貿易中心。

根據一些文獻記載，差不多在嘉慶朝（西元一七九六年至一八二〇年）這段時期，通往新莊的河道開始出現了淤積；到了之後的咸豐朝（西元一八五〇年至西元一八六一年），河道要直達新莊已有困難，所以艋舺順勢興起，取而代之。「一府、二鹿、三新莊」漸漸變成「一府、二鹿、三艋舺」。

所以如果有古河道通往新莊，在嘉慶或咸豐朝以前的地圖或許可以查到。只是清朝的地圖因為不夠精確，就算找到這個時間的地圖也未必有幫助。還好當時已經有西方人畫出比較精確的臺灣地圖了。其中一人，就是這幾年很出名的李仙得。

法裔美籍的李仙得，在臺灣的近代史上扮演了重要角色，最近因為被醫師作家陳耀昌寫進臺灣歷史小說《傀儡花》成為男主角之一，小說又被改編成公共電視在西元二〇二一年推出的旗艦歷史劇《斯卡羅》而廣受矚目。

真實的李仙得對於佔有臺灣非常有興趣，曾經先後鼓吹美國與日本應該要佔領臺灣。為了這個目的，他還詳細考察了臺灣的人文與地理，詳細撰寫並整理了臺灣的各種資料，幾乎是百科全書式的記載，還自力或找專家蒐集了許多照片，也繪製了很有現代性的地圖。這些內容，因為許多歷史因素的陰錯陽差，幾乎消失，還好原稿被保存在美國的國會圖書館，所以才能在李仙得寫完之後一百多年的西元二〇一三年，終於在臺灣出版，書名取名為《李仙得臺灣紀行》（Notes of Travel in Formosa）。

李仙得在西元一八七〇年找了專業人員繪製了一幅地圖，被稱為〈福爾摩沙島與澎湖群島圖〉（Formosa Island and The Pescadores, China），因為當時他還擔任美國駐廈門領事，所以這幅地圖收錄於西元一八七〇年的《美國與外國商業關係年度報告》。

從這幅西元一八七〇年的古地圖可以看出，這條古河道在當年沒有連接到新莊街。這就讓人好奇，是不是這條古河道在更早之前，特別是在新莊還非常繁華的西元一八〇〇年之前，曾經連結到新莊街？因為只有這樣，這條古河道跟文獻記載兩百年多前新莊「千帆林立」才可能有關係。儘管推論起來應該是這樣，但這只是大膽假設。如果要完全解答這個謎團，恐怕還是要等找到更詳細而確切的記載，或是西元一八〇〇年之前的古地圖。

在這份古地圖中，新莊、艋舺與大稻埕都已經被用當時的英文標示出來。從文字的大小來看，李仙得認為新莊比較重要，艋舺也算繁華。可見那時的艋舺正在迅速興起，但是還沒有取代新莊。

至於大稻埕，則是剛開始登上歷史舞臺。在咸豐三年（西元一八五三年）發生爭奪艋舺港口地盤的頂下郊拚之後，同為泉州籍的三邑人擊敗了同安人，同安人只好從艋舺敗退至北邊、當時主要還是原住民地盤的林野之地，這就是後來的大稻埕。

同安人被迫從艋舺遷居大稻埕的時間是西元一八五三年，距離李仙得繪製這份地圖的西元一八七〇年只有十七年，但是已經逐漸興起，應該也是受惠於新莊古河道淤積，船運改從艋舺以及鄰近的大稻埕上岸。

其實從西元一八七〇年這一年開始，因為艋舺的港口也開始出現淤積的情況，反觀大稻埕則因為洋人陶德把「福爾摩沙烏龍茶」成功推銷到紐約，帶動了茶葉等貿易與經濟的大幅發展，讓大稻埕逐漸取代了艋舺的港口地位。

消失的新莊古河道之謎

很多人都聽過「一府、二鹿、三艋舺」，說的是清朝臺灣的三大繁華都會，也是三個最重要的港口：臺南府、鹿港與艋舺。但是這句話本來說的是「一府、二鹿、三新莊」，原先新莊才是臺灣三大繁華港都之一。

新莊為什麼後來被艋舺取代？據說是因為河道淤積。很多人都以為淤積的是淡水河或是上游的大漢溪，但是也有人認為是另有一條河道，如今已經消失看不到。

根據歷史記載，乾隆十五年（西元一七五〇年）八里坌巡檢司移駐到新莊，可見當時新莊已經成為北臺灣的行政和商業中心。在嘉慶初年，大約西元一八〇〇年，新莊的港口已經被形容為「千帆林立」，繁華至極。然而，繁華歲月卻在咸豐、同治年間迅速走向下坡，據說是因為河道淤積。

嘉慶年間（西元一七九六年至一八二〇年），正是古河道逐漸淤積消失的時期，嚴重影響了新莊原本的航運便利，這才促成艋舺的興起並且取代新莊。這條傳說中逐漸淤積的河道，一般以為就是大漢溪，但是也有人認為是一條消失的古河道，至於原本到底位於哪裡？一直以來眾說紛紜，沒有定論。

有人認為是淡水河的支線，大概是現在的二重疏洪道；也有人認為位於新莊的境內，現在已經看不到了；還有人根據地勢做出推論，古河道的位置，很可能就是現在的中港大排，可惜沒有足夠的佐證資料。

由於古籍記載沒有太清楚具體的描寫，而且清朝官方地圖的準確性通常誤差很大，示意的作用，遠遠大於實際可參考的經緯度，要認真拿來比對具體地點的可參考性不太高，這增加了許多考證的難度。

這個題目有點冷門，所以比較新近的研究報告，已經是西元二〇一六年張正田博士發表的一篇研究論文：〈從歷史地理變遷看清代新莊之興衰〉。論文指出，從古代文獻及輿圖可以發現，新莊原本有一條從南向北而流的古河道，連結新莊老街到淡水出海口，但是慢慢因為淤積而消失。這篇論文指出乾隆二十年的「臺灣番界圖」以及同治初年的「淡水廳圖」可以看出，和尚洲（包括現在的蘆洲與三重）兩邊各有一條大溪，東邊的大溪應該是現在的淡水河，西邊的河道是什麼？因為古地圖不精準，可以說是現在的二重疏河道，也可以說是消失的新莊古河道。

中國的古地圖因為精確性太低，要比對的參考性不太高，經過仔細查找臺灣歷史資料終於發現，當時已經有不少外國人繪製精確性很高的臺灣地圖，尤其是李仙得所繪製的臺灣地圖，不只清楚標示出了新莊的位置，而且還詳細畫出了一條現在已經消失的河道，這會是傳說中的新莊古河道嗎？

對一般人來講，李仙得原本知名度不高，後來因為成為公視旗艦大戲《斯卡羅》的主角，才廣為人知。

從李仙得這幅大約完成於同治九年（西元一八七〇年）的地圖中可以看出，新莊被寫成 Sinchin，這應該是用閩南語發音但又不太準確；在地圖 S 左邊標示的一個小方塊，應該就是當時的新莊街。更值得注意的是，從地圖可以看出，在 S 的上方，現在的新莊境內，很清楚有一條古河道，一路流到現在五股的成子寮附近注入淡水河。

比對現在的地圖可以發現，這條古河道跟現在的中港大排有相當程度重疊，可見這條古河道確實存在過，明顯不是現在的二重疏洪道。後來因為淤積而逐漸消失，直到西元一九八九年開挖中港大排，才重新出現，而且被誤以為是人工河，卻不知道這是消失的古河道隔了一百多年又重新面世。

新莊古河道一度消失不見，比對西元一八七〇年的李仙得地圖可知，新莊境內的溪道相當可觀。這時已經距離河道淤積的嘉慶年間超過五十年，可以想見如果回到五十年甚至一百年前，這條溪道應該更加可觀。到了日治時期初期的地圖，仍有這條新莊境內的河道，直到日治時期後期才漸漸消失不見。

有一個可能，就是新莊古河道本來跟大漢溪相通，也就是大漢溪的河水有一部分流入新莊的古河道，但是後來入口淤積，水源枯竭，所以這條古河道就漸漸消失了。如果這樣，很可能以前這條古河道是從大漢溪在新莊老街附近流入新莊，沿著中港大排的路徑，在五股成子寮附近流入淡水河。

這個假設是否成立，有待驗證。因為固然有支持的證據，例如在昭和六年（西元一九三一年）的《鷺洲莊要覽》（鷺洲莊包括了現在的蘆洲與三重）這本書就提到：本莊是「從淡水河中浮出而形成」，書中提及的浮出年代大約是西元一八〇〇年。三重一帶很多土地都是沖積平原，在乾隆初年吸引許多墾戶從嘉義、滬尾等地而來。由此可知，在乾隆之前，三重很多地方經常有水。新莊的是與三重相當，可能也是如此，不只地勢低窪多水，還有古河道。

不過也有推翻假設的證據，因為荷蘭古地圖、乾隆時期的臺灣番界圖，儘管準確度不高，但似乎看不見這條新莊境內的古河道。這些地圖上的另一河道，位置比較像是現在的二重疏洪道。

儘管荷蘭時期與清朝時期的一些古地圖，沒有記載新莊古河道，但是李仙得在西元一八七〇年找人繪製的地圖中，確實有一條新莊河道。令人不解的是，在李仙得的地圖中，這條新莊境內的古河道竟沒有源頭，起點大約是現在的新莊老街附近。

溪河一定有源頭，或從山上集水而下，或是其他溪河提供水源。新莊是平原，這條古河道的起點旁邊沒有山林，水源會是從何處而來？莫非更早之前是有源頭的？從地圖看起來，比較可能的源頭就是大漢溪。果真如此，又證明了新莊古河道可能是大漢溪支流。

新莊古河道的源頭是什麼？新莊古河道有過什麼功能？這些都是難解的謎團。

李仙得一百五十年前的遊記提到，製作竹傘是當時新莊的重要產業。其實不只製作竹傘而起，新莊還是竹子的集散地。

在清朝時期，曾經有「一府二鹿三新莊」的說法，反映出新莊的重要地位，後來隨著河道淤積，新莊的地位慢慢被艋舺取代，到了日治時期，本來經過新莊的鐵路又改成走向板橋，加速了當時新莊的沒落。

一、兩百年以前的新莊老地名，反映出當時的產業特色，但是後來隨著發展的變遷，很多老地名慢慢被忘記，例如提起「竹仔市」，一般人看了可能會以為是新竹市，其實是在新莊，根據耆老的口述歷史，記載了許多老地名，都非常有意思。

竹仔市，位於現在大漢橋旁邊的保元宮附近，靠近大漢溪岸，清朝時是新莊販賣竹子的集散中心。來自大溪的竹子，砍伐之後就直接順著大漢溪一路漂流到新莊，在大漢溪旁邊的茄苳樹這裡上岸，這個碼頭的地名叫茄苳腳。順流而下的竹子，最長可以綿延大約五、六公尺。上岸後的竹子，就在竹仔市這裡集中出售，供應新莊、泰山、五股、蘆洲、樹林等地的住民，當成建築、竹傘、米篩或是燈籠的材料。

從竹仔市往西，這裡的地名是草點火，從大漢橋旁邊的保元宮一直到新海橋的中間，以前很多居民都以販賣煤油為業。現在不只行業已經消失，就連草點火這個名詞，多數人也都沒聽過、更不知道了。

還有麵線埕，在新莊路一一七號到一二七號之間，以前有一個很大的曬穀場，俗稱大埕，這也是大稻埕的意思。沒有曬穀的時候，販賣麵線的業者會把麵線拿到這裡來曬，呈現出一大片「麵線海」的特殊景象。很多人應該都沒有看過麵線海，可能也不知道除了稻穀要曬太陽，麵線也要曬太陽。

土車間仔，在現在的新海橋下，新莊路二五九巷。日治時期，這裡的土車間仔，是新莊唯一的運輸公司，由私人經營，提供運貨的人力拉車，專門從臺北到新莊之間來回載運南北貨。當時的人力拉車大概有一百輛左右，規模可觀。

最有名的老地名可能是五十六坎，從慈祐宮到武聖廟之間，因為很早就有五十六間店鋪，所以有這個老地名。坎，是閩南語稱呼店鋪。用坎字稱呼店鋪似乎沒有文字上的根據，有可能本來是門檻的檻字，後來才被誤為坎字。

再來是戲館巷，新莊曾經非常繁華，大商人聚集，所以需要戲班。現在是新莊路三五九巷，早在清朝就有不少戲班，日治時期更多，曲先（老師）經常在早上在這裡教導藝旦練唱。

旁邊還有米市巷，現在的新莊路三八七巷，早期新莊是大臺北的米糧批發中心，運糧的船隻在潮江寺旁的碼頭卸貨，碼頭工人就從這條巷子搬運米糧，巷子裡面也有批發米糧的商店，所以這個巷子就被稱為米市巷。

很多人可能不知道，新莊老街不只是老街，以前還有一座石頭古城，比咸豐五年（西元一八五五年）完工的板橋城還早，更早於光緒十年（西元一八八四年）完工的臺北城，所以新莊街當年還曾經被稱為「大城」。

可惜的是，這座古城消失得非常徹底，不但現在只剩下一點點面目全非的殘破隘門遺跡，相關的歷史記載也非常罕見，連這座古城到底是由誰建造？在何時建造？為什麼建造？是要防禦原住民？提防盜匪？還是慎防分類械鬥？至今都眾說紛紜。

新莊老街的歷史非常久遠，雍正年間已經開始開墾，特別的是，新莊老街一開始就非常整齊，不像其他老街是因為日治時期的市區改正之後，門面才變得整齊。有研究者認為，很可能是早期的林成祖墾號在開墾時，就已經規劃好了新莊街的店面，不然的話，自然形成的聚落不會這麼整齊。推算起來，新莊街出現的時間，大概是乾隆二十五年（西元一七六〇年）左右。

根據當地的耆老回憶，日治時期拆掉了新莊老街的城牆，老街所在地的《新莊市全安里口述歷史》提到，當時的新莊城是石頭城，用紅褐色的石條建造，每一石條有兩尺長、十五公分高，表面粗糙，相當特別。所以拆除之後，很多人搬回去使用，二、三十年前還可以看到某些老房子的牆壁是使用城牆的石條，現在就很少見了。大漢橋旁的中正路兩間民宅前的中間有一段短圍牆，據說材料也是以前城牆的石條。

有研究者認為，新莊城牆的材料可能是紅普石，但是真實情況還要研究。紅普石這種火成岩，原產地在福建，早年臺灣產品運往福建後，回船如果空艙容易翻船，所以會載運一些壓艙石，紅普石常作為壓船石來到臺灣。新莊在清朝曾經作為兩岸貿易來往的主要港口，應該積有大量的紅普石。臺北的林安泰古厝，還可以見到紅普石的建材。

關於新莊老街的隘門，先前的記載不多，欠缺詳情，例如起造的人是誰？或是起造的時間？這些都還有待考證。日本學者富田芳郎在西元一九三七年，發表論文〈臺北州新莊街新莊の聚落地理的特徵〉於《臺灣地學記事》，提及城牆具有防衛作用，當時的隘門除了設置於各廟宇前，慈祐宮後側與武聖廟西側也有設置，至少有五座，論文附的「新莊街新莊市街圖」還標註了廟宇及隘門的位置。西元一九九八年出版的《新莊市志》就指出：「古代治安欠佳，幾乎每個聚落都築城以防禦外侵，但新莊前臨大湖，後有圳渠，已具天然防禦功能。背對圳渠的各宅將後牆修得堅固一點，彼此相連，就是上好的城牆加護城河了。」

《新莊市志》還記載：「昔日新莊人在新莊街的兩端及交通孔道的圳橋上與隘路上設置隘門，在今景德路與新莊路中間有一處，而榮和活動中心也有一處，但後者現已拆除。隘門日出則開，日暮則閉，具備城門的功能，所以新莊街被稱為大城。」

新北市文化局在西元二〇一五年出版的《新莊老街文化景點整合計畫》則是記載：「早期新莊街設有七處隘門，分佈於新莊路東西街頭、廣福宮附近、文衡里及全安里交界處與巷道出入口，目前新莊路二七九巷底為僅存之隘門遺跡，餘者均已佚失。」並將隘門列為文化意義景點。

《新莊老街文化景點整合計畫》這本書中說隘門有七處，比起日本學者在西元一九三七年說的五處還多了兩處。除此之外，僅存隘門的地點，目前的地址是新莊路二七八巷底，實際的位置在景德路上，位於新莊國中停車場出口的對面。

「新莊騷」臉書粉絲專頁曾經分享一張新莊老街城牆及隘門的照片，據稱是拍攝於昭和十二年（西元一九三七年），後方是慈祐宮，一旁的牆面上還可以看見銃眼。

新莊古城僅存的隘門遺跡，本來很可能也會消失，在文史界的呼籲之下，新北市政府在西元二〇二〇年已經根據《歷史建築紀念建築登錄廢止審查及輔助辦法》第一條第一項第二、三款，把隘門列為歷史建築，希望留下新莊古城曾經存在的唯一原址實體證據。

顧名思義，一般人可能以為文昌帝君就是掌管文宗，所以跟求學、考試、功名有關。其實說起文昌帝君，還真是一門大學問，可能牽涉許多歷史人物與古代的不同神明，值得另外撰寫專文分析。

文昌帝君的來龍去脈有很多完全不同的版本，但確實從唐朝以來就受到歷代朝廷的詔封，甚至有了「北孔子、南文昌」的說法。

文昌帝君也是文財神，所以信徒可以祈求保佑的不只是功名，還包括了事業、錢財、福壽、甚至是愛情等人際關係。

新莊的文昌祠就是為主奉文昌帝君的廟宇，名列市定古蹟，位於新北市新莊區碧江街二十號。

文昌祠的歷史悠久，在清朝同治十年（西元一八七一年）出版的《淡水廳志》就記載新莊文昌祠是淡水廳（當時彰化以北全部隸屬於淡水廳）的五間文昌祠之一。

《淡水廳志》的記載如下：「文昌祠，一在廳治東門內，嘉慶八年同知胡應魁建，道光十七年同知婁雲修。一在新莊街，嘉慶十八年縣丞曹汝霖捐建。一在芝蘭堡，有記。一在桃仔園，同治六年，同知嚴金清諭紳董李騰芳、徐玉衡捐建。一在枋橋街，同治二年，紳士林維讓、維源捐建。」

一般記載提到，新莊文昌祠在西元一八一三年建於新莊街慈祐宮之旁，到了西元一八七五年遷到碧江街現址。這是因為新莊最早只有祭拜媽祖的慈祐宮，後來裡面增設文昌帝君的神位，以便祭拜。嘉慶十八年（西元一八一三年）擔任新莊縣丞的曹汝霖（直隸人，不是民國初年的那位曹汝霖）提倡修建慈祐宮，後來又用餘款在其右側興建文昌祠，專祀文昌帝君，並且在祠內附設學堂。

六十多年後的新莊縣丞傅端銓（浙江人）想要擴大辦學，認為當時的文昌祠面積太小，所以聯合地方士紳陳式璋等人募資，在光緒元年（西元一八七五年）興建了碧江街現址的文昌祠，面積擴大了三倍多，在文昌祠左側的護龍設立「崇文閣」當義塾，以便辦學。

文昌祠的建立，反映出新莊已經從原本的開墾聚落，發展成為了穩定的仕紳社區，因此重視文教。

日治時期，日本人為教導日語，在明治三十一年（西元一八九八年）直接使用文昌祠設立「臺北國語傳習所新莊分教場」；同年公學校令發佈之後，改傳習所為公學校，「臺北國語傳習所新莊分教場」變成「興直公學校」，到了明治三十一年（西元一九一〇年）新的校舍蓋好，公學校才遷到現址，後來改名為新莊國小。

文昌祠在日治時期雖然變成國語傳習所以及公學校，但是原本的崇文閣沒有停辦漢文教育，一直持續到日治時期的末期，因為總督府在戰爭時期強行推動皇民化運動，下令禁絕漢文教育，文昌祠的義塾漢文教育才被迫停止。

新莊古廟的石碑見證水圳民鬥

新莊發展相當早，古廟很多，依據建廟時間排名，第一名是遠近馳名的新莊老街慈祐宮，歷史可以追溯到雍正年間、甚至康熙年間。

慈祐宮是新莊區歷史最久遠的廟宇，但是到底創建於什麼年代，有四種不同說法，主要包括了康熙二十五年（西元一六八六年）、雍正七年（西元一七二九年）、雍正九年（西元一九三一年）、以及乾隆十八年（西元一七五三年）等不同說法，時間差距不小。應該是從草創到整修，有不同的發展階段，儘管可能在康熙年間就有小廟，但是由於北臺灣的第一張墾照，是在康熙四十八年（西元一七〇九年）才發出，新莊慈祐宮就算是在康熙年間就有小廟，似乎也不太可能早於這個時間點，因為在康熙四十八年之前，新莊多為荒地，罕見漢人的聚落，所以康熙二十五年的說法，還必須進一步考證。就算是雍正七年建廟，還是維持新莊古廟歷史第一名的寶座。

新莊古廟第二名是新莊大眾廟，乾隆年間新莊已經人文薈萃，目前位於中正路的地藏庵（也稱大眾廟），在乾隆二十二年（西元一七五七年）已經建成。

第三名則是關帝廟，乾隆二十五年（西元一七六〇年），由貢生胡焯猷捐地，在慈祐宮的志修和尚推動之下，在廟街上建立此廟。

第四名則是新莊保元宮，建於乾隆四十一年（西元一七七六年）。當時大漢溪是重要的運輸溪流，渡船業者在茄苳腳的現址建廟。

第五名則是廣福宮（也就是三山國王廟），由於當時來新莊開墾的粵籍客家人非常多，乾隆四十五年（西元一七八〇年），廣福宮落成。

新莊古廟前五名中，第一名的慈祐宮、第三名的關帝廟，都位於現在新莊老街的繁華地帶，比較常被觀光客注意，第二名的大眾廟緊鄰省道中正路，旁邊又有新莊國小及公園，在地人很熟悉。至於第四名的保元宮與第五名的廣福宮，雖然也位於新莊老街，但是已經不是熱鬧的區段，因此常被忽略。其中的廣福宮因為多年來香火錢不多，很少整修，反而得以保存原貌，所以得以被列為國定古蹟，這也是新莊古廟之中唯一的國定古蹟。

至於保元宮，廣場前還有一座非常具有歷史意義的古蹟石碑——「淡分憲示禁嚴禁截流塞狹圳道碑」，這是道光十七年（西元一八三七年），淡水同知婁雲特別立碑告示，在此之前已嚴禁兩大墾號因為圳路而衝突：一方是張厝圳（永安陂）的張家與佃戶，另一方是劉厝圳（萬安陂）的劉家與佃戶；現在又禁止破壞圳道。

張厝圳與劉厝圳是當年灌溉新莊稻田的主要水圳，張厝圳開工較早，劉厝圳則趁著大漢溪改道而後來居上，提早完工。兩條水圳有幾處交錯，於是造成水權的紛爭。這塊石碑見證了新莊平原的重要歷史，石碑立在保元宮旁，也可見當年保元宮已經有重要地位，可惜一般民眾往往只注意到新莊老街觀光夜市上的古廟，忽略了老街頭的保元宮，更沒有注意宮廟廣場上有一座非常有歷史意義的古蹟石碑。

由於歷經了一百多年的風吹日曬雨淋，石碑上的文字已經漸漸無法辨識，目前可以辨識的內容如下：「欽加府銜臺灣北路淡水總捕分府、加五級、紀錄十次婁，為勒石示禁，以垂久遠事。據永安陂圳戶張豐順呈稱：『原自乾隆三十年間，奉前道憲奇、前憲李示諭，開築陂圳接引大溪源流，由潭底庄分灌西盛番界頂下□，經新庄抵武□灣頭、二、三重埔等庄。旱田每甲水立汴，以魯班尺式一寸四方鑿孔長流；年除納大租、水租外，約納工本木料谷三石、四石不等。惟有圳道所由新庄十八份、十九份等田頭經過，當日議定開築，圳面闊一丈三尺，兩傍圳岸闊各四尺，無收地價。每份約送水一甲或二甲，就各份田頭照圳立汴通流，不得增減、亦無租稅，各有立約付據。詎爾來，田多易主，同依舊約，或藉此田水份欲灌別墾新田。水不足灌，則挖汴鑿孔或毀汴截流；甚而不遵按甲立汴，橫埋竹節柴涵，多引圳流盜賣、分灌別無水份之田，取利肥己。且有據溪頭曲防來水，又有築墻擲杙、侵圳阻流；或丟糞土以塞圳道、或藉料船而毀陂欄。種種弊害，理較不听，力爭恐禍；不較不爭，勢必下流乏水，爭灌生端。順經於道光元年六月間，叩蒙前憲胡出示嚴禁在案。第年久示廢、弊害復生，不得不瀝情抄示粘叩，伏乞恩准勒石示禁，以垂永遠。一面差諭各庄業佃遵照前約，按甲立汴，廣清圳道，俾上、下流均分；爭端可息、禍害不生，謳歌載道。切呈』等情。據此，除批示外，合行出示嚴禁。為此，示仰永安陂圳管下各佃戶人等知悉；自示之後，爾等務須遵照前業佃公議約。據而定甲立汴，每甲水以魯班尺式一寸四方為例，不論新頂舊佃，均應照承管田業契約約原配水額，甲數若干，按甲立汴分灌田畝。毋許仍前橫用竹節柴涵截流挖孔或擲物塞狹圳道，藉端爭較。如敢故違，許該圳戶指稟，以憑差拏究辦。事關農田水利，各宜凜遵，毋違！特示。道光拾柒年歲次丁酉肆月日給。」

（□為缺漏字）

清朝時期的臺灣出了不少大官，或許因為時局動盪，臺灣人擔任武官的品秩，往往比文官高出許多，最廣為人知的是王得祿與林文察。

王得祿是嘉義人，生前官至浙江提督，加太子太保銜，死後追封伯爵，加太子太師銜，他是清朝臺籍人士官位最高的官員。林文察是霧峰人，曾經同時身兼福建的水陸雙提督，陣亡後追贈太子少保銜、振威將軍，諡剛愍，並賜世襲的騎都尉爵位。

其實清朝臺灣還有一位常被忽略的名將，新莊的化成路就是為了紀念而以他為名。這位名將就是陳化成。

陳化成籍貫是福建同安人，但是年少時就因為父母雙亡，而移居到新莊的頭前庄，跟伯父、堂哥同住。

根據新莊耆老口述歷史：陳化成從小就力氣大、食量也大，為了糊口而決定入伍，堂嫂特地縫製布鞋相贈。陳化成從小兵做起，負責扛軍旗，有一次在戰場上，清軍部隊敗退，陳化成發現堂嫂縫製的布鞋遺落在戰場上，扛著軍旗就回頭去找。清軍看見軍旗轉回戰場，以為要反攻，就跟著軍旗衝上前去，結果反敗為勝。陳化成立了大功，從此步步高升，甚至一天之內就升高十三次，還被封為武舉人，一路升到總兵。

這段新莊耆老的口述歷史，雖然非常有趣，但是在正式的史書上卻找不到相關記載，不知道是陳化成告訴親友的真實經歷，或只是民間的傳說而已。

考據史實，陳化成不是武舉人，真實官銜則高於正二品的總兵，他當了多年的從一品提督，在鴉片戰爭時陣亡殉職，被視為民族英雄。

陳化成，字蓮峰，福建同安人。剛開始入伍是當一名小兵，隸屬李長庚提督的部隊，當時李長庚正在追擊大海盜蔡牽，陳化成從此展開捕盜的軍伍生涯。陳化成從戎多年，根據《清史稿》，「手擒巨盜四百八十餘人」，歷任碣石、金門兩鎮總兵，後來升任福建水師提督，幾年後改調江南提督。在鴉片戰爭時，英軍的戰艦進攻長江口，駐守西炮臺的陳化成率部防守，傷亡慘重，六十六歲的他親自站上火線開炮迎戰，不幸被炮彈直接擊中，「噴血而亡」。因為戰況太慘烈，陳化成陣亡八天之後，屍體才被找到。

陳化成死後諡忠愍，並賜世襲的騎都尉兼一雲騎尉，准於殉難處所及原籍並建專祠。子廷芳，襲世職；廷棻，賜舉人。道光皇帝親自寫了「提督忠臣」四個大字，牌匾至今還掛在福建的陳氏宗祠。

陳化成當兵發達之後，在新莊的頭前庄住所蓋了「大厝」，在西元一九九〇年代還剩下一部分尚未拆除。陳化成的姪子陳光淵考中舉人，在頭前庄內豎立旗杆，後來被移到中平公園，並且設立〈民族英雄陳化成紀念碑文〉。有人誤以為旗桿也與陳化成有關，這是誤會。

陳化成曾在廈門購置房產，他的後人在西元二〇〇三年決定捐給政府當成紀念及文教之用。

位於新北市新莊區的地藏庵，歷史非常久遠，根據地藏庵的正式介紹文字，早在清朝的乾隆三十三年（西元一七五七年），就由頭前庄的地主陳謙興，捐出一塊「塚埔之地」而蓋了地藏庵。可見當時這片土地就已經是墓地，至於創建的目的，是順應「祭厲以求平安」的傳統觀念而設。

歷史學者康豹研究指出，新莊地藏庵在日治時期的最主要的支持者之一是辜顯榮。辜顯榮被不少人認為是日治時期的臺灣首富，開創五大家族的辜家；不過也有人認為辜顯榮雖然迅速致富，但是財富應該還比不上板橋林家。

辜顯榮為什麼會大力支持新莊地藏庵？辜顯榮被稱為日治時期的新興首富，據說他的元配夫人陳笑女士曾經在明治四十三年（西元一九一〇年）得了很嚴重的疾病，非常難治。辜顯榮的秘書張長懋是新莊人，替陳笑在地藏庵燒香祈福；後來陳笑也皈依，結果病很快就好了。

這裡提到的皈依，不是正式出家，而是信徒為了祈福，來到神明案桌前，向神明懺悔罪業之後，念佛繞壇再回到案桌前，唱三皈依，也就是自己歸向、依靠佛、法、僧三寶，也祈求亡魂能夠皈依佛門，方能永為佛種，同時進行十方禮，禮拜十方。

三皈依的主要內容是「盡形壽，皈依佛、皈依法、皈依僧。」現在的詳細版本內容則是：「佛弟子一定要皈依三寶，並願所有的皈依者，常發如是願：自皈依佛，當願眾生，體解大道，發無上心。自皈依法，當願眾生，深入經藏，智慧如海。自皈依僧，當願眾生，統理大眾，一切無礙。」

是靈驗？還是巧合？當事人自有體會。為了還願謝恩，辜顯榮捐錢給地藏庵，並且在附近修路鋪橋，當時的石橋取名為「顯榮橋」。隨著時間流逝，這座石橋已經被新的道路取代，遺跡只剩下當時的一塊石碑，原本放在地藏庵後面，但是隨著地藏庵的修建翻新，西元二〇二四年實地走訪，在地藏庵的後院已經找不到跟當年「顯榮橋」有關的石碑，值班人員對公廟內有無這塊石碑則是表示不太清楚。

除了捐款並修路鋪橋，辜顯榮為了還願謝恩，在明治四十四年（西元一九一一年），帶著秘書張長懋，親自搭船前往福州訂購了七爺、八爺兩尊大型神將捐給地藏庵，供奉在正殿的兩側。

臺灣人認識自己家族的歷史嗎？除了少數有來頭的家族之外，一問周遭，許多臺灣人居然連自己的祖父母或是曾祖父母都不認識，讓人感傷。說來慚愧，中年以前的我，也是如此。

當臺灣社會爭吵著該用日據或日治的稱呼、辯論著慰安婦究竟是自願或是全部被迫時，臺灣的年輕一代卻經常不知道曾祖父的姓名與生平，更不知道更早以前的祖先是誰。這種荒謬的真實，當然不該成為歷史教育的道理。

臺灣人該怎麼認識臺灣史？這句看似簡單的提問，牽扯出來的不只是先前引發激烈衝突的課綱爭議而已，在背後還有統獨立場與中日史觀的對立，更深入來看，恰恰帶出了臺灣一再遭遇統治者「被更迭」的坎坷。

認識臺灣史為什麼要有課綱？是為了教學及考試範圍的標準化？難怪常常一不小心就陷入了崇尚標準答案的填鴨教育，當然也免不了官方設定的意識型態灌輸。想把標準答案放進學子的腦中，這究竟是洗腦還是教育？

什麼是臺灣史？臺灣人該怎麼學臺灣史？最簡單而有效的方法，就是讓臺灣人從家族史去認識臺灣史。

義大利思想家克羅齊（Croce）的一句「一切歷史都是當代史」深具啟發性。從本體論來看，如果沒有現在的臺灣人，當然就不會有人重視過去的臺灣史；從認識論來看，臺灣史只有和當前的臺灣人產生關聯時，才能真正被理解。從這個角度出發，臺灣人想認識臺灣史，或許應該跳脫官方歷史，轉而回到民間歷史，尤其是回到自己家族的歷史，從自己的祖父母、曾祖父母考察起。

探索歷史切忌選擇性接受，更不能斷章取義、瞎子摸象。只看某一片段的歷史必然偏頗，尤其是臺灣史。與其強灌大漢史觀或是日治史觀，不如鼓勵臺灣青年們追溯自己家族從清朝、到日治、再到現在的歷史，把家族史當成學習臺灣史的重點。一切歷史都是當代史，在個人的小歷史當中，國家的大歷史自然就會浮現。

我的母親是新店人，自幼家貧，在日治時期搭乘渡船來往新店的公學校（後改稱國民學校），一下課就要趕回家照顧出生不久的幼妹，同時也要拔地瓜葉餵養豬隻，然後還要站上矮凳，才能使用灶臺幫全家人煮食。

在我還是幼童時，媽媽帶我回外婆家，曾指著老家後面的一整座山頭說：「這座山以前都是我們家的。」又指著眼前的一大片稻田說：「這片田以前也都是我們家的。」

「現在不是我們家的了嗎？」

「都是別人的了。」記得媽媽微笑著說：「敗光了。」

當時只感慨家道中衰，未能多想這就是臺灣史。

青少年時期，有點叛逆，想起這段往事，忽然懷疑起童年時媽媽講的這些話是真的嗎？或者，會不會我記錯了？因為媽媽的個性從來不信口開河；但是向上追溯一、兩代，應該都很窮啊，哪來整座、整片的山林稻田呢？

這幾年又重新想起這段家族史的「傳奇」，特別去申請了日治時期戶籍資料，發現外高祖（外婆的祖父）名字相當文雅，但是生平不詳，只知道他卒於明治三十五年、西元一九〇五年，其子（外婆的爸爸）生於咸豐三年、西元一八五三年，卒於大正十四年、西元一九二五年，戶籍資料註記了「苦力」二字。從找到的這些資料看起來，實在很難相信祖上有這麼多田產。

當年有多少土地？為什麼會敗光？是誰敗光？在哪一代敗光？以致後來寸土不剩、只能以苦力為業？家族歷史裡面還有很多有待探討的空白。

又過了幾年，才在認真追尋之後發現，媽媽講的家族財富傳奇，原來竟然是真的，這段家族歷史，要從兩百多年前的清朝道光年間講起了，這正是先民渡海來臺開墾史裡面的一頁，因開墾而擁有大片土地，但是後來吸食鴉片，財產逐漸敗光。自己的家族史，剛好串起從清朝時先民開墾、英國大賣鴉片、到日本殖民時期仍然容許吸食鴉片的大歷史。再後來，擔任隘勇的舅公因總督府推進隘勇線政策而死於泰雅族原住民的箭下，舅舅當過臺籍日本兵遠赴南洋染上疾病，日本戰敗後回臺不久就病故，這接起了日治到民國的大歷史。

換個角度認識臺灣史吧，與其爭辯大歷史與史觀，不如讓臺灣學子們去探索自己的家族史。

每逢螢火蟲的季節，總有朋友相約賞螢。

因為童年曾在碧潭看過漫天飛舞的螢火蟲，我對現在這種偶或閃爍的賞螢當然興致缺缺。這或許也是一種「曾經滄海難為水」吧。

外婆家在碧潭，更準確說，是在碧潭渡船另一端的灣潭。新店北新路的盡頭就是碧潭吊橋，不要走過吊橋，沿著老街走到底，穿越右邊的堤防，再走到新店溪的溪邊，那裡就是碧潭渡的渡口，可以搭乘渡船。

很小的時候，有一次陪媽媽回外婆家，上了渡船，擺渡人索討船資。媽媽說：「阮是獅仔厝的。」擺渡人多看了媽媽一眼，笑問：「妳是獅仔的小妹啊！哇，好幾年不見了，妳是嫁去哪裡？」回說新莊。擺渡人笑說那很近啊，要常回來看看。

現在開車，覺得新莊距離新店確實很近，但當年要先搭公車到臺北，再換公車才能到新店，一趟要一個多小時。據說有一次還帶了狗，結果狗暈車，換車時不願再上車，那時以為狗會自己找到回家的路，沒想到從此就不見了。我對這隻狗、這件事完全沒印象，那應該是我三歲以前的事。

過了新店溪就到灣潭，再經過一片竹林，眼前是開闊的稻田，從右手邊的山路上去，有一間崇德宮，從左邊的岔路再往前走，不久就到外婆家了。

母親去陪外婆，總是捨不得走，我們常常很晚很晚才離開。山居生活，到了晚上沒有什麼可以玩的，小孩就會不耐煩，跟媽媽說想回家了。媽媽總是笑著說好，再等一下。不知道等了多久，等到都睏了、想睡了，媽媽才緊緊握住外婆的手，依依不捨說：「阿母，我要走了。」

走出外婆家，滿眼星空。在黑夜中，穿越小半個灣潭去搭渡船。到這個時候，船家多半已經回家休息了。還好，船家就住在渡口旁，窗戶的燈還亮著。媽媽隔著窗叫喚，拜託他再辛苦一趟。船家應了一聲，立刻就開門出來，很客氣笑著問說：「怎麼這麼晚？」解開船索，渡我們過溪。

深夜搭著渡船，天上水下一片漆黑、周遭近乎靜謐，只有船槳撥水、推水的細微聲音，特別有種滄海一粟的感覺。

小時候曾經好奇問媽媽：如果渡船人已經關燈睡覺了怎麼辦？媽媽說：那就沒辦法了，只好多住一晚。當時心想：那為什麼不乾脆就多住一晚呢？長大才知道，媽媽比我們更想多住一晚，但又擔心外婆家的床鋪與棉被都不夠。

上岸再走到新店市區，公車班次已經很少，常常要等很久。有一次等了好久等不到，夜已深，終於覺悟是錯過了末班車，只好搭乘計程車。節儉的媽媽應該很捨不得這樣花錢，但是為了多陪外婆一點時間，她每次回去總是等到快到最後一班車的時間才離開。

童年回外婆家，多半是過年時，冬天是沒有螢火蟲的。有一年在夏天時回外婆家，晚上我獨自走出戶外，那是一個寂靜的夜晚，路上沒有其他人。經過崇德宮，走著被稻田圍繞的下坡小路。

走到半途，一路寂靜。但是不知道為什麼，忽然之間兩旁稻田就飛起了數也數不清的小燈球，滿天金光，微微閃爍，頓時讓我有如置身在銀河之中。

不，那些小螢火蟲發出微弱的金黃光芒，而且漫天飛舞，如同汪洋大海，更像是無窮無盡的金色星海，不只是一條銀河而已。

那是生平第一次看到螢火蟲的金光之海，而且獨自一人置身其中。

親臨這種如同夢境一般的美麗仙境，不由得看呆了。不知過了多久，回過神來，忍不住伸手握住了一把小小的金光，想看看這些小燈球到底長怎麼樣。

等到貼近，張開掌心一看，發光時還耀眼漂亮，一旦不發光了居然像隻俗稱小強的蟑螂。有光如夢，沒光是蟲。嚇了一大跳，趕緊甩手讓光自由。

那個晚上的記憶，數十年來始終清晰，如在眼前，如夢幻，也如泡影。

前幾年有人約看螢火蟲，分別在雲林縣的古坑、新北市的安坑、還有碧潭旁邊的和美山。每次都滿懷期盼去看，卻每次看了都大感失望，因為看到的螢火蟲實在太少了，稀稀疏疏、似有若無。這已經不是「曾經滄海難為水」，根本是「曾經滄海難為水滴」了。

當年的景象太美，有時自己也不免好奇：這會不會是童年的想像而已？有一次問了大我九歲的姊姊，她小時候在碧潭住過幾年，一聽到螢火蟲立刻就開心提起：「晚上外婆家旁邊有非常非常多的螢火蟲，用袋子隨手一撈，放在屋裡的蚊帳，就有滿天星光了。」姊還提起：「上次去爬山，說是走賞螢步道，結果螢火蟲只有一點點。」

姊弟倆有同樣的感嘆，可見我的童年記憶真實不虛。

兒時回去新店郊區的外婆家，要先坐船過溪，再走過瘦高茂密的綠竹林，然後沿著山腳稻田中的小路漫步。路旁有一條比水溝大不了多少的小溪。

很久以後才知道，那條不知名的小溪，原來不是天然就有，而是好不容易才開鑿的重要圳道。再往山上走，外婆家就在一條超迷你的山溪之旁。

童年在小山溪裡面抓過一隻小小螃蟹，那畫面仍然鮮明，如在眼前。幾十年後忽然好奇：人生第一隻親手抓了又放生的小螃蟹、那隻新店山溪的小螃蟹，到底是什麼蟹？

第一個可能是毛蟹。西元二〇二三年，一則新聞引起大家對新店溪螃蟹的關注。這則新聞說：毛蟹再度逆流而上，從海邊游到了新店溪，這顯示了環境復育多年有成，也證實具有生態理念的碧潭堰重建工程，成功打通了舊堰體造成將近半個世紀的生態廊道中斷。

新聞一出現，很多人都開心回憶起童年時期在新店處處可見的小螃蟹。當年的螃蟹，跟現在新聞畫面看到的小毛蟹，會是同樣的品種嗎？

說起毛蟹，幾十年前在臺灣西部河川溪流是常見生物。取名毛蟹，當然是因為有毛的特徵。毛蟹的學問可不小，全世界主要只有四種，其中之一是中華絨螯蟹，就是俗稱的大閘蟹，還有一種是日本絨螯蟹，又稱細額絨螯蟹。另兩種則是本土常見品種，包括：臺灣扁絨螯蟹以及合浦絨螯蟹。有趣的是，兩種本土毛蟹的勢力範圍非常分明：

臺灣扁絨螯蟹的體色比較青綠，俗稱「青毛蟹」，分布在東臺灣，比較不會有寄生蟲，滋味也比較好，以前被稱為直額絨螯蟹，西元一九九五年才確定是臺灣特有種，是毛蟹裡的臺灣原住民。

至於合浦絨螯蟹分布在西臺灣，以前被認為是日本絨螯蟹，但是有研究認為臺灣品種比較像合浦絨螯蟹而不是日本絨螯蟹。這種日本絨螯蟹的合浦亞種在西元一九九四年，被定名為合浦絨螯蟹。

毛蟹棲息在溪流，繁殖季移到河口交配，出生的幼蟹經歷幾次蛻殼之後，就會逆著溪流而上，溯源回到故鄉生活。

前面提到的毛蟹都屬於海洋蟹，相較於此，數十年前新店溪河小螃蟹品種的另一個可能身分，則是淡水蟹，也就是一生都活在溪流，而不會遷徙到河口海邊的螃蟹。

臺灣的淡水蟹有四屬：澤蟹、清溪蟹、南海溪蟹、束腰蟹。其中澤蟹與清溪蟹遍布臺灣各地。

拉氏清溪蟹也是臺灣特有種，還是臺灣體型最大的淡水蟹，通常左螯稍大，除臺灣的東北部居乎沒有之外，以前在各地的小溪常見。

拉氏清溪蟹雖然號稱淡水蟹裡面體型最大的，體長最長的也只有區區大約四公分而已。由於體型小、肉又少，還經常會有肺吸蟲等寄生蟲，沒有什麼食用價值，所以有個難聽的俗稱：「屎蟹」（sai-hei）。

記憶中，那隻小螃蟹的螯應該沒有毛。兒時的我沒想到山裡面也有螃蟹，抓在手上去跟舅舅獻寶，他立刻說那很髒，叫我趕快丟掉。這樣想想，或許那比較可能拉氏清溪蟹而不是澤蟹吧？

這不是小水溝 而是全臺最迷你水圳

說起臺灣的水圳，很多人可能都會想到八堡圳、瑠公圳這些早在清朝時期就已經開鑿，大名鼎鼎的水圳。

臺灣因為多丘陵，先民為了引水灌溉，人工開鑿的水圳非常多。但是過去幾十年來，因為工業化及都市化，很多農田漸漸改變用途，連帶著早年開鑿的水圳也荒廢變成土地或是道路。儘管很多知名的水圳都已經不見蹤跡，但是在大臺北地區卻還有一條開鑿時就非常低調的迷你水圳，至今還好好的保存著，這就是位於新北市新店區灣潭地區的灣潭圳。

灣潭雖然就在碧潭隔著新店溪的對岸，也就是全臺僅存的唯一人力擺渡新店渡口的彼岸，但是知名度卻遠遠不如碧潭。知道灣潭這個地方的人很少，知道灣潭圳的人就更少了。灣潭圳的圳道，大致上就沿著灣潭路而蜿蜒前進。

灣潭有農田二十多公頃，雖然規模不算太小，但是也沒有大到足以吸引大地主或是大金主願意投入金錢來開闢圳道，所以儘管鄰近新店溪，卻長期以來都沒有可供引水灌溉的水利設施，所有的農田除了部分依靠山泉水灌溉之外，其餘都是「看天田」，也就是要仰賴雨水，萬一太久沒有下雨，就要鬧旱災了。正因如此，灣潭的農民生活一直很清苦，直到灣潭圳的出現才解決這個困境。

目前關於灣潭圳身世背景，有一篇可靠的文獻，保留在《臺北市瑠公農田水利會會史》裡面的〈興建灣潭圳及灣潭抽水廠〉這篇記載。

還好有這篇簡單扼要的記載，說明了灣潭圳的誕生緣由。根據這篇記載，灣潭在日治時期的昭和十六年（西元一九四一年），先裝設了十七馬力的重油發動機，抽取新店溪水灌溉，但是因為動力有限，而且發動機的性能欠佳，還經常發生故障，灌溉問題仍然沒有獲得完全的解決。直到民國三十六年（西元一九四七年），政府終於在灣潭興建磚造抽水廠房一棟，另由抽水場的溪邊開闢一條輸水圳渠至灌溉區，圳長一五四〇公尺。抽水廠房與圳渠完工啟用之後，灣潭地區稻作每年增產四萬多公斤，原有荒地也逐漸拓為良田。

比起臺灣的許多知名水圳，動輒就有兩、三百年的歷史，從〈興建灣潭圳及灣潭抽水廠〉這篇記載可以知道，灣潭圳相對而言非常年輕，「只有」不到八十年的歷史。灣潭圳的圳長只有一五四〇公尺，也就是一．五四公里。這在臺灣水圳裡面是什麼規模呢？

或許比較一下其他水圳的長度才可以知道。先看大臺北平原的瑠公圳完工時的圳長大約二十公里，還有九條分渠，其中三條為主要支線。再看新莊平原的後村圳是合併了張厝圳與劉厝圳而成，主線圳長大約三十公里。張厝圳的主要支線有三條，劉厝圳的主要支線也有三條。三看位於彰化平原的八堡圳則是合併了施厝圳與十五庄圳而成，前者改稱八堡一圳，長度大約三十三公里，有支線十四條、分線二十四條；後者改稱八堡二圳，長度大約二十九公里，有支線十七條、分線十九條。

一比較就知道，臺灣知名水圳的圳長，動輒都有幾十公里，但是灣潭圳的長度卻只有一．五四公里，不但可能是全臺灣最年輕的水圳，而且應該也是全臺灣現存最迷你、最袖珍的水圳。

如果有機會走訪灣潭，漫步在鄉村氣息濃厚的灣潭路上，記得低頭看看旁邊的小水圳，這可不是一條平凡的小水溝，而是具有珍貴人文歷史意義的灣潭圳。

人過中年，活了一大把年紀，忽然知道自己的母親是養女。

從小知道外公姓李，外婆姓王，幾百年來一直住在新店碧潭。嚴格說，是更偏僻的灣潭，但是一般人不知道灣潭在哪裡，所以都說碧潭。母親姓王，小時候以為她是跟母姓，也沒多想。

母親對外婆非常孝順，一有機會就轉兩趟公車加上搭船走路，從新莊回碧潭娘家探望照顧。回想三十多年前，外婆七十多歲，身體已不硬朗，母親特別把外婆接回家中，以便她看顧家裡的雜貨店時可以就近照顧。外婆年邁，頭腦還算清楚，但是行動不便，偶有失禁，老人家會羞愧不安。母親總是輕聲細語，一邊安撫外婆的情緒，一邊幫忙更衣沐浴。

當時年紀小，不懂事，只知心疼母親很辛苦，竟以為外婆來到造成了母親的額外負擔。母親說一點也不辛苦，她很高興有機會孝養。外婆在新莊住了一段時間，常念著要回碧潭老家，回去後沒多久就往生了，享壽八十歲。

外公過世很早，母親的娘家相當貧苦，她曾說十二歲就要幫全家煮飯，在這之前要先挑水、餵豬、種菜，然後還要照顧年幼的小妹，這是她小學放學之後的日常生活。

母親有兄弟姊妹多人，大哥是臺籍日本兵，戰時遠赴南洋，戰後活著回臺，但是已經染病，不久後死亡，當時母親年紀很小，對這位大哥沒有太多印象。母親的大姊一出生就發育不良，送到別人家當養女，過年期間還會回碧潭老家。除此之外，母親的其他哥哥姊姊與弟弟妹妹都是我從小常見，這是一個很普通的臺灣底層家族。

日前詳細看了母親家族的戶籍謄本，竟意外發現了母親是養女。原本申請戶籍謄本，是想對於祖先的傳承能有多一點了解，包括外公的祖上，以及外婆的祖上。在沒有族譜的情況之下，戶籍謄本是很重要的資訊來源。正因如此，沒有仔細閱讀戶籍謄本裡跟母親有關的註記。對我來講，母親的生平我早已知悉，謄本上面只有簡單的姓名與生卒年、婚嫁與搬遷記載，不必多看。

那天居然在母親的「續柄」（稱謂欄）看到「養女」兩字，查看「事由」，寫了昭和十四年成為戶主的養女。昭和十四年是西元一九三九年，母親被收養時年僅三歲。收養的人是戶主，也就是外婆的二哥、母親的二舅。

母親的二舅兼養父未婚、無後，祖厝都是外婆與她的子女們居住。

外婆家是已經上百年的老舊瓦厝，本來戶主應該是外婆的大哥，但他因擔任隘勇，在總督府推進隘勇線時死於原住民的箭下，戶主因此變成外婆的二哥。外婆的二哥為什麼要收養他的外甥女、也就是我的母親呢？如果是為了延續王家香火的考量，依照傳統觀念，應該是收養外甥而不是外甥女才對。更何況，查看戶籍謄本，發現收養當年，外婆已有三個兒子，幾年後又生一子，當時外婆的二哥戶主還健在。外婆也有多位女兒，我母親還有兩個姊姊。既然這樣，為什麼是我的母親被收養？原因不詳。問遍長輩，不只無人知道，而且從來沒聽過這件事。

西元一九四九年，原戶長過世，從此那間瓦厝住的就是外婆全家。母親在世時，從來沒有對子女提過自己被收養的事，她是早已遺忘？還是從來就不知道有這件事？戶籍謄本裡面藏了許多臺灣真實故事，可惜我發現太晚，如今母親往生已十多年，比母親年長的家族親戚也紛紛故去，這段往事的真相究竟如何，恐怕再也無處可問。

從戶籍謄本的有限資料來看，外婆的媽媽很傳奇。

她的姓名是葉專，出生於清朝同治三年（西元一八六五年）二月十六日，長女，生父叫葉色，生母不詳。

生母不詳？這太令人意外。生父不詳還說得過去，生母不詳太沒道理。葉專出生那年是西元一八六五年，臺灣有史以來最大的動亂「戴潮春事變」才剛落幕。這個歷史背景，跟她的出生有沒有關係？其中有秘密嗎？還是，單純只是領養者不知養女生母的姓名？

戶籍謄本記載，葉專出生三年就被送養，那是同治六年、西元一八六八年的五月二日。收養者是葉興妹，性別不詳，可能是養父，也可能是養母，住在基隆仙洞的後莊一處「不詳高地」。

戶籍資料顯示葉專纏足，纏足本來是當時上層社會的女子才可能有的作法，有研究指出：「纏足者多集中於士紳家族，越往社會下層則比例越低。」不過，清朝時期的臺灣也會在「養女、繼母或婆婆、童養媳的關係下發生」，也就是下層社會也會讓養女或是童養媳纏足。

葉專被送養的原因不詳。對照臺灣歷史，葉專被送養的前半年，西元一八六七年十二月十八日，發生超級恐怖的「基隆大海嘯」，不知這件事是否有影響。

文獻記載當時「海水暴漲，山傾地裂，屋宇傾壞，溺數百人」，基隆本來七百多戶居民只剩十六戶存活，存活率還不到二．二八％。戶籍謄本提到領養者葉興妹是住在「不詳高地」，引人聯想這是否與基隆大海嘯有關。

葉興妹跟葉專生父同姓，不知道有沒有宗族親戚關係？「葉」這個姓不算是大姓，似乎有可能，但是沒有證據。葉興妹這個名字看起來可能是客家人，不過戶籍謄本上面寫的是福佬人。

住在基隆仙洞的葉專，西元一八八一年十二月三日嫁給新店灣潭的王心匏，當時她十七歲，婚後最少生了兩個兒子，一個女兒，長子王榮火，擔任隘勇時因公而亡，次子王頭北，女兒王嬌。葉專活到昭和十四年（西元一九三九年）的七月十一日，享壽七十五歲。

葉專丈夫王心匏生於西元一八五二年，比她年長十三歲，比她早走十四年，往生於西元一九二五年的三月四日，享壽七十四歲。

臺灣的重要世家，對先祖歷史的記載比較詳細，以板橋林本源家族與霧峰林家為例，都有很清楚的族譜，還留下不少家傳，但是仍有很多值得深入挖掘的歷史面貌。

臺灣有許多世家，但存在更多平凡的基層家族，例如先慈的家族。從戶籍謄本看起來，母親家族只是底層工農，沒有族譜，也沒有傳記。後來我經過多年研究才輾轉發現，母親先祖當年是灣潭的開墾家族，可惜事蹟幾乎都已消失。

後人追溯先祖的生平，只能問問長輩，再從戶籍謄本去尋找一些蛛絲馬跡。母親的外婆身世似乎跟重大臺灣歷史息息相關，非常傳奇，可惜查不到更多的資訊。

輯 二

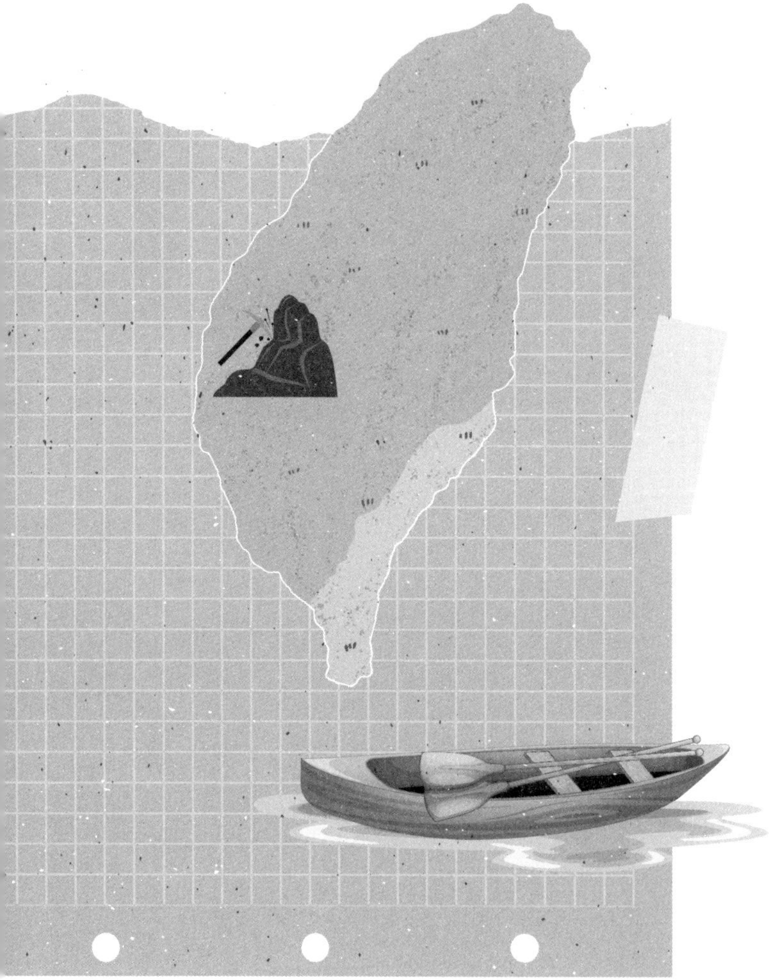

被「遺忘」的臺籍日本兵大舅

有一年前往雲林洽公，走出了雲林縣斗六市火車站，距離預定的拜訪時間還有兩個小時，獨自一個人背起行囊、頂著烈日，在太陽底下慢慢向前走去，想要像當地人一樣，感受一下這個城市的步調。

前面不遠處就是斗六老街，最古老的建築物據說是西元一九〇八年完成。當時老街的建築物還保留著不少昔日的樣貌，但是門面已經陸續轉型成了小百貨店或是美食店鋪，街上有不少內衣的廣告看板。彷彿是百年老街增加了春色。一旁是生意超好的老街冰店，考量時間有限，寧可多走走看看，終究沒有進去。

忙著欣賞這城市的面貌，差一點就被一輛疾駛而來的機車撞上，機車後座的女子用譴責的眼光瞪了我一眼。

轉身剛好看到小巷前方，似乎有一間別緻的小庭院。走進巷子才發現，庭院不算特別，但是更往前去，確實有一棟很特別的日式建築。

原來這是公民會館，前身是日治時期的「行啟記念館」，當初原本是日本總督府預備要興建來歡迎皇太子來臺，如今已經改成了紀念館。日治時期使用的是「記念」而非「紀念」，考量當時原貌，所以地方政府就沿用了下來。

那天到達時，剛好在進行展覽與導覽活動。展覽的內容對於日治時期有非常美好的描述，導覽員解說日治時期臺籍日本兵的歷史時，強調雲林當初因為有虎尾機場，所以大名鼎鼎的神風特攻隊之中，就有來自臺灣的參戰者。

導覽員解說提及，當兵在日治時期是只有日本人才能享有的特權，可是到了戰爭後期，日本因為兵源不足，所以也開放讓臺灣人進入軍隊。在這個時空背景之下，當初臺灣人對於能夠參加日本軍隊都是感到非常光榮的。

臺灣人覺得變成日本兵很光榮？是這樣嗎？心中冒起大問號，因為這跟我知道的臺籍日本兵故事有些不同。

日治時期的臺灣人不能當兵，是因為日本政府一直沒有把臺灣人當成公民。到了戰爭後期，日本軍隊在戰場上節節敗退、兵源不足，才開放臺灣人可以入伍當軍屬，後來更在臺灣全面徵兵。當時臺灣人從軍，雖有日本兵，更多的是軍伕，但是民間俗稱都叫日本兵。

當然，有一些臺灣人以加入日本軍隊為榮。畢竟正在臺灣統治的是日本人，而皇民化教育又已推行，有人會願意加入日本軍隊也不算奇怪。

但是唯一與我有關的臺籍日本兵故事，似乎不是自願前去，而是被迫參軍。

有些家庭因為壯丁被拉伕而陷入了愁雲慘霧，而且在這場日本人發動、後來戰敗投降的戰爭裡，許多家庭永遠失去了家中的重要成員。

從被拉伕的那一刻起，若干臺灣家庭就硬生生被挖出了一大塊家人不敢談論的禁忌區域，因為一談到臺籍日本兵，立刻就會掀起參軍者家人的沉痛與悲泣，日日夜夜都在思念捲入戰爭的家人。

我有三個舅舅，最大的是大舅。這句話看起來像是廢話吧？特別一提，自有原因。因為等到年紀稍長，才知道大舅還有一位哥哥。這麼說，大舅不是大舅，而是二舅才對。為什麼跳過原本的大舅呢？因為他被拉伕成了臺籍日本兵，在南洋已經染上了疑似腳氣病，回臺灣不久就病故了，才二十四歲。媽媽說以前不願意提起，是避免外婆聽到會傷心。

我從來沒有聽外婆提起這位當過臺籍日本兵的大舅，直到外婆過世已久，才在無意間聽長輩提起有這麼一位大舅——差一點遭到遺忘、甚至是家族晚輩從來不曾知道的臺籍日本兵。

年邁的二舅忽然起了個念頭，想要幫他的大哥遷墓。

二舅出生於日治時期的昭和十三年（西元一九三八年），那時臺灣還沒有用民國紀元，換算起來是民國二十七年，今年已經八十二歲了，比他的姊姊、我的母親長壽許多。二舅出生那一年，國際軍事情勢已經相當緊張，隔年就將發生第二次世界大戰，所以在臺灣發生了一件兵役大事，後來才有了臺籍日本兵。

二舅的大哥不是大舅，而是還有一位更年長的哥哥。我從小以為自己有三個舅舅，長大才知道我還有一個真正的「大舅」，被日本強徵去當臺籍日本兵遠赴南洋，回臺不久後就死了。因為提起會讓外婆傷心，長輩閉口不提，連本來的稱謂也直接排除這位真正的「大舅」，於是二舅變大舅、三舅變二舅、四舅變成三舅。久而久之，晚輩幾乎沒人知道有一位真正的「大舅」了。

日本發動戰爭之初，只有真正的日本國民，才有當兵的權利與義務，徵兵制度沒有在海外的殖民地實行，所以包括臺灣朝鮮在內的民眾，都沒有服兵役的權利與義務。到了戰爭中後期的昭和十三年（西元一九三八年）四月一日，日本公布《國家總動員法》後，五月四日再以敕令公布該法施用於朝鮮以及臺灣等地，於是開始在臺灣徵兵，直到西元一九四五年日本宣布無條件投降。前期在臺灣只徵召非正規的「軍屬、軍夫」，到了西元一九四二年開始招募「特別志願兵」，再到西元一九四五年初，實施了全面徵兵制度。

臺籍日本兵，也有人認為當時臺灣由日本統治，所以應該稱為日籍臺灣兵。根據日本的官方統計，臺籍日本兵總數大約二十萬人，進一步細分，其中只有八萬多人是日本兵，其他十二多萬人是軍屬及軍伕，一般都統稱為臺籍日本兵，陣亡的人數大約三萬人，陣亡的比例大約是一五%。除此之外，還有一些人「下落不明」。

日本宣布無條件投降之後，「大舅」僥倖從南洋戰場平安回到了碧潭的家鄉，但是他在戰場上得了不知名的腳病（疑似腳氣病），回到家鄉不久之後就因病早逝。「大舅」變成臺籍日本兵以及回來之時，二舅（其實是三舅）年紀還很小，對這位大哥沒留下什麼印象，只記得大哥回來之後還曾經帶他去散步。

「大舅」何時入伍？去過南洋的哪裡？他是日本兵或是軍屬？在戰爭時經歷過什麼事？可惜都沒能查到半點資訊。時至今日，恐怕再也問不出答案了。

「大舅」因病往生之後，就埋在灣潭老家的後山上。將近半個世紀之後，外婆過世，也是埋在那片山地附近。又過了幾十年，大舅（本來應該是二舅）也往生了，同樣是埋在那一帶。

每逢清明祭祖，二舅總會上山掃墓，祭拜祖先，包括他們早逝的大哥，以及後來被晚輩稱為大舅的二哥。外婆移置靈骨塔之後，「大舅」仍然留在原本的墓區。

我年少時，從來不知道有這一位「大舅」，當然也從來沒有去掃過他的墓。日前聽二舅說有意幫真正的「大舅」遷移到靈骨塔，身為外甥除了出錢之外，也動念想要前往祭拜。

令人感傷的是，因為這幾年來很少人去祭拜「大舅」了，二舅說他日前上山找了好幾次，竟然再也找不到墓地之所在了。這次的「遷墓」，只能在外婆的神主牌旁邊，幫「大舅」也安一塊神主牌，以免成為孤魂野鬼。

謹以此文紀念我小時候從不知其人的臺籍日本兵大舅。

靈異感幫助找到外曾祖父母的墳墓

西元二〇二一年的春節，圓了一個心願，在農曆大年初三、國曆二月十四日情人節的當天，在新店灣潭找到外曾祖父母與外公的祖墳。

在傳統的父系社會之下，多數人祭祖只會祭拜父系的祖先，至於母系則不勞多過問，這只該是舅家的事。

以前不知道的臺籍日本兵大舅，因為遠赴南洋作戰而染病，戰後不久就已經身亡，小時以為是大舅的二舅也往生二十多年，掃墓就由被我叫了幾十年二舅的三舅接手。

二舅年輕時是黑狗兄，也是造木船的巧匠，曾經幫老蔣總統在大溪慈湖打造過木船，一生未婚、無子。這一年已經八十三歲，體力大不如前，記憶也退化不少，過去幾年對上山掃墓已經力有未逮，祖墳漸被遺忘。

初三回碧潭向二舅拜年，忽然動念，請二舅指引祖墳在青山的何處。

在灣潭山金龍路轉進一道隱密的小徑，山路崎嶇，眼前看似無路，到了最底才看見右方另有蹊徑，而且豁然開朗。直走向前，右側是山壁，左側可以俯瞰下方的碧綠新店溪，再往前走，就看到布滿荒草樹藤的山坡，其實那不是單純的山坡，而是被青翠交錯掩蓋的墳墓群。

二舅指的方位根本無路可行，都是墳墓，而且野草的高度已達胸腰，沒辦法，只能一邊向墓主道歉、一邊攀爬穿越墓地，跌跌撞撞，好不容易到達了目的地，赤手空拳撥開眼前比人還高一些的芒草一看，墓碑不對。

二舅想了想，另外又指一處。再度一腳高、一腳低，慢慢攀爬過去，撥開藤蔓一看，也不是。這樣前後左右找了好幾處，結果都不是。忙了快一個小時，還是沒找到。

二舅年紀大了，記憶力有點退化。擔心二舅體力難以負荷，心裡想今天就先這樣，等下次帶了方便的除草工具，自己再來這一帶尋找。或是，等待清明節之後，多處墳墓已有人除草，那時再來找，應該就方便多了。

轉身要走，卻又心有不甘，回頭看向左側墳頭，再往山坡上去一點的地方，那邊的高處有一座墳墓，忽然有所感應，覺得那個方位正在召喚。當下決定再試一次，奮起餘勇，獨自踩上陡坡的草叢，一路往上，到了墓埕，撥開墓碑前的小灌木與雜草，赫見外曾祖父母的墓碑！旁邊則是外公的墓碑，雖然都蓋滿了草藤，但是保存相當良好，略微拔草整理，即現原本樣貌。此處背山面溪，眼前是翠綠溪水與青山，風光明媚。

墓碑寫著此墳是在西元一九七六年重修，當時外婆還健在，所以墓碑包括了外公以及外婆的父母——外曾祖父生於咸豐二年（西元一八五二年），新店碧潭人，外曾祖母生於同治四年（西元一八六五年），基隆仙洞人，享壽各為七十四歲及七十五歲，在當時已屬長壽，走過了一百多年前最動盪的臺灣史。

外曾祖父母的一生故事，從家族現存的長輩口中，幾乎問不到任何線索。墓碑上有一處令人不解，外曾祖父的名字不是戶籍謄本上的王心匏，一個很有農趣的名字，而是王媽愛。外曾祖父改名嗎？還是有什麼故事？問了二舅，得知他出生時，他的阿公已往生，如今只記得一些幼年時他外婆的樣貌，他記得阿公叫王心匏，沒聽過改名的事，至於阿公阿嬤兩人更完整的人生故事，二舅也說不清了。

我外曾祖父母的人生，除了戶籍謄本上面的記載之外，只怕都已淹沒在歷史歲月中，實在可惜。如能提早幾十年留下紀錄，或許還有許多長輩可供訪問。這些平凡人物的生命史，一頁頁都是真實的臺灣史。

以後每逢清明時節來為外曾祖父母及外公掃墓，自屬應有之義。臺灣多年來一直重視性別平等，在慎終追遠與追述先人事蹟時，應該一體重視母系家族，趁早記下祖先的生命史。

對很多遊客來講，慈湖就是一個值得拜訪的美麗風景區。有些人可能忘了、或是不想承認那裡也是「先總統　蔣公陵寢」。

據說老蔣總統早年有一次經過大溪一處名為雙埤的地方，發現風光優美，很像他故鄉浙江省奉化縣溪口鎮（流傳的故事中，他小時候看到魚兒逆水上游的地方），所以就動念想蓋一座別館。一問才知，那附近的土地都屬於板橋林本源家族擁有，後來林家提供十九公頃土地，民國四十八年行館落成，民國五十一年因為老蔣總統思念母親王太夫人而將原本的雙埤改名為慈湖，行館也改名為「慈湖賓館」。

老蔣總統與夫人喜歡在慈湖划小船，這件事我曾經耳聞，但是直到最近才赫然知道，當年老蔣總統的小船，背後有個小秘密，而且跟我有關：那艘小船居然是我二舅親手打造。

有一年已經八十歲的二舅來找我寫陳情函，那時二舅還在種筍，獨自在灣潭緊靠著新店溪的偏僻之處蓋了一間小屋居住。二舅向政府陳情說，青潭堰工程造成水位上升，害他住處的土石嚴重滑落，已經危及房屋的地基。

那天的電視新聞剛好播報慈湖湧入了觀光人潮的新聞，二舅忽然說：「老蔣那艘船是我造的。」「什麼老蔣的船？」我好奇問。

我知道二舅年輕時是打造木船的專家，小時候常聽他聊最近造了什麼樣子的新船。但是後來造價便宜的玻璃纖維船，幾乎全面取代了手工的木船。

二舅回說：「就是老蔣要坐的船呀。那個時候是總統府第三局來聯絡，還找我去總統府的三樓開會，告訴我這是總統在慈湖要坐的船，要可以載兩個人的那種木船。」他還伸手比了一下木船的大小。除了這次的顧客比較特別，其他在工錢、工期等方面，倒沒什麼不同。

我好奇追問二舅：「怎麼從來都沒聽你或別人說過這件事？總統府怎麼會找到你？」

二舅說：「是朋友介紹總統府來找我造船。這有什麼值得說的？不都一樣是造船嗎？」

沒什麼值得說的？就算是現在，親手幫總統打造一艘木船，還能進入總統府開會，恐怕會讓有些人誇口炫耀一輩子，說不定還有電視新聞會做一集的專題報導，更何況，是在那個威權統治的特殊年代？偏偏二舅居然覺得沒什麼。從二舅身上，可以看到臺灣人老實古意的個性。

二舅年輕時打造木船，風光了一陣子，玻璃纖維造船技術出現，木船式微了，他改以木工維生，後來年邁，漸漸不容易找到工作。二舅雖然年事已高，身體卻仍然健康，年近八十歲時還接到委託，要打造一批木船。

臺灣有故事的人很多，應該多多探尋長輩親友的記憶寶庫，新聞媒體也不妨多挖掘這些故事，而不是只尋找網路發文或是行車記錄器的內容。

百年前淹沒新店的離奇大洪水

一百年前，新店曾經發生一場空前的大洪水，造成碧潭兩岸的新店老街與灣潭社區滅頂，地方耆老提到這件事，還心有餘悸。

從日治時期的大正十三年（西元一九二四年）八月一日（農曆七月一日）這一天開始，北臺灣連續下了五天的大雨。

連日大雨，在臺灣不算罕見，原本新店溪水雖然水量大增，但是也還算正常。然而，就在八月五日下午四點之後，新店溪開始暴漲，打破過去的紀錄，很多居民開始感到不安而冒雨撤離，但是也有居民認為根據清朝乾隆、道光年間以來幾百年的開墾經驗，碧潭兩岸從來沒有因為下大雨而鬧過大水災，所以不擔心。他們萬萬沒想到，一個小時之後，新店溪暴漲的溪水就淹沒了碧潭兩岸，造成嚴重災害，房舍全部滅頂，許多居民失去生命。

當時新店老街有一棟美麗的教堂，宣教師偕叡廉牧師大有背景，他是知名傳教士馬偕（偕叡理）與漢人女子張聰明的兒子。根據記載，偕叡廉牧師在五日下午五點，看到溪水已經淹進教堂，呼籲大家即刻逃難到山坡上的新店國小，但是臺灣的郭牧師認為，依照以前的經驗，淹水等一下就會退了，所以沒有跟著撤離。到了晚上七點天色已黑，水位居然還一直漲高，郭牧師看見狀況不對，把沒撤離的眾人及家眷接上屋頂，沒過多久之後，禮拜堂及尖塔就在大洪水中倒了下去，永遠消失了。

碧潭對岸的灣潭社區，當時的房子幾乎都是木造或竹造房子，全部被沖垮，只剩兩間石造房子倖存，很多居民家中的文物全部被沖走消失，造成了前所未有的浩劫。以前灣潭的房子都是沿著新店溪而蓋，這裡也是原本的屈尺道，大洪水之後，很多人心有餘悸，就搬到高一點的地方去住，形成現在這條新的灣潭路，有些人還搬到更高的半山腰。

海拔高很多的小粗坑，洪水也淹沒了半間房子，現在還可以看到淹水線。大洪水還沖進了當時的龜山發電所，在壁面上留下淹水的紀錄線。龜山發電所後來改名為桂山發電廠，位於北勢溪與南勢溪的匯流處。

西元一九二四年的新店大洪水，震驚了總督府，所以西元一九二五年一月開築新店溪堤防，六月十三日竣工，還立碑紀念，現在還可以看到上面刻的總督府內務局、新店堤防一號碑、大正十三年等文字。

新店溪為什麼會發生空前未有的大洪水，多年來始終是個謎，後來才發現，很可能是新店溪上游的桶後溪，先前就因為下雨坍塌而出現了超大的堰塞湖，這一次的連日大雨，導致堰塞湖的潰決，堰塞湖積累的大水瞬間傾洩而下，讓新店溪來不及洩洪，才會淹沒了碧潭兩岸的地區，造成空前災難與悲劇。

一・二平方公里的土地有多大？想像一下長、寬各一一〇〇多公尺的土地面積，大約就是一・二平方公里，比起整個臺灣大學的校總區（面積大約一〇〇公頃，一平方公里）還大一點。這樣的面積，就是新店廖家在日治時期被充公的土地面積。

新店赤皮湖廖家，早在清朝的乾隆年間就來臺開墾，先落腳在三重一帶，在道光五年（西元一八二五年）搬到新店粗坑開墾，後來落腳在粗坑的赤皮湖。

赤皮湖廖家第五代的廖文生，小時候就聽過父親廖根地說過家裡土地被充公的這件事：原先廖家有一二八甲土地，大約是一・二四平方公里，在日治時期竟有一二〇甲被充公，將近九十四%的土地都失去了。

廖文生的父親廖根地是日治時期的明治四十四年（西元一九一一年）出生，土地被充公這件事發生時，廖根地已是青年。

新店廖家很完整留下了很多古老的地契，從清朝到日治時期都有。廖文生說他後來去查看過去文書的產權登記、還有測量資料，找到清楚的證據，確認了家裡先前確實有這麼一大片土地。

廖文生說，當時日本殖民政府的土地調查人員勸說廖家不要登記，因為一大片土地只長樹木沒在利用，還要繳稅划不來，建議廖家只登記有在耕作的土地，結果那一二八甲的土地有一二〇多甲沒有登記，果然不必繳稅，但也因此成為「無主地」，結果就被充公了。日本戰敗之後，遷臺的中華民國政府也沒有歸還，廖家因此只剩下大概七甲的土地。

日治時期總督府公布的《官有林野取締規則》，第一條規定：「凡山林原野，若無契據或其他證件足以證明其所有權者，統視為官有」。到了明治三十一年（西元一八九八年）總督府成立了「臨時臺灣土地調查局」，繼而分階段開始進行土地調查（西元一八九八～一九〇四年）、林野調查（西元一九一〇～一九一四年）、以及官有林野整理（西元一九一五～一九二五年）。

新店廖家有古契約等契據，本來可以保有土地，但廖家當時就是因為誤信了測量登記人員的「善心」建議，沒登記所有權，因而失去了這一大片祖先開墾獲得的土地。

廖家被充公的這一大片土地，座落在直潭往屈尺的粗坑里山坡上，現在成為了政府的國家保護林，後來因為保護發電廠的考量，列入水土保持保安林，再後來又因為翡翠水庫啟用的水源保護考量，全部被列入了水源保護區。

訪問得知，西元一九五三出生的廖文生，是新店粗坑赤皮湖開墾家族的第六代，他說以前雖然知道第一代祖先廖鑿是在兩百多年前來到赤皮湖這裡開墾，但是從來沒有看過或是聽過有這些古契約。

西元一九九七年廖文生的父親廖根地往生，廖文生細心整理了父親遺物的時候，發現一個舊的餅乾鐵盒，打開才發現裡面妥善保存了許多古契約，這些古契約見證了廖家的辛苦開墾史，原來這是廖家幾代以來妥善珍藏的大批清朝時期的合約地契，可說是廖家的傳家寶。這些古契約包括了道光九年（西元一八二九年）簽署的「青潭山區結首暨墾戶立約字」，一公布就轟動文史界。廖文生不只提供了大量文物，又熱心借展分享，因此豐富了新店文史的研究，也促成了全國第一座地方文史館「新店文史館」的成立，嘉惠地方。

臺灣曾有多少煤礦？光看碧潭就驚人

臺灣曾有多少煤礦？說出來相當驚人，光看碧潭附近就可知道。新北市新店區有山有水，碧潭更是出了名的風光聖地。有山就可能產煤，雖然新店的煤礦早就已經走入歷史，提起新店的煤礦，很多人可能還會想到和美煤礦，這是因為和美煤礦就位於新店溪左岸、最出名景點的碧潭之旁。

但新店的煤礦可不只和美煤礦，原本比較出名的有三大煤礦，除了和美煤礦之外，另外比較出名的兩座煤礦，一座是位於碧潭南邊、在北宜公路旁的明治煤礦，還有一座則是位於碧潭北邊、檳榔路旁的振山煤礦。和美煤礦屬於景美煤田，至於明治煤礦和振山煤礦則都屬於石碇煤田。

新店三大煤礦中只有和美煤礦的礦口還保存良好，至於振山煤礦的主礦口早已塌陷了，只剩下運煤隧道，分別在獅頭山登山步道口的兩側；而明治煤礦的礦口已經因為附近民宅陸續改建而難再尋覓。

但是可別誤以為這就是新店的所有煤礦，不然就誤會大了。從地理來看，新店有三大煤礦產區，包括現在的市區、安坑，以及粗坑。

在安坑還有建楠坑煤礦，陸續有過很多階段的開採與礦名，包括裕餘炭礦、南陽炭礦、啟益煤礦、長豐煤礦、太乙煤礦、億安煤礦等。這裡還有同福煤礦、志安煤礦；在柴埕路則有義興炭坑。

再往山區，在小坑山還有浙江煤礦，日治時期的煤礦名稱是磺窟炭坑，戰後的煤礦名稱則有浙江煤礦、新獅煤礦等，都是收坑已久，如今已經找不到以前的礦口了，可能已經遭到土石掩埋。

在粗坑則有松川煤礦，坑口非常多，最少有七個，都埋沒在荒煙蔓草之中，只有當地耆老才可能知道確切的位置，外人如果要來尋找，恐怕很不容易。

新店金龍路背後有故事

新北市新店區的碧潭是知名的風景區，碧潭旁的新店渡口，這是目前全臺灣唯一剩下的人力擺渡。就在新店渡的對岸，一水之隔的灣潭，被封為「遺世獨立的桃花源」，因為這裡雖然距離市區很近，卻宛如幽靜而未開發的偏鄉。

灣潭在道光年間已經開墾，兩百多年以來，都沒有可以通行車輛的聯外道路，以前進出灣潭只能透過擺渡，不然就是攀爬山間的小路。這兩個傳統的交通方式不只不方便，而且萬一遇到天氣不好的時候，都無法通行，讓灣潭形同被遺棄的孤島。這就是我小時候的灣潭。

有一年回灣潭，聽聞大人談起有道路了，這本該是一件大喜事，但當時卻沒感受的慶祝的氣氛，後來才知道灣潭開路有一段悲傷的故事。

灣潭沒有聯外道路的困境，直到西元一九七九年才因為一場天災而出現轉機。那年歐敏颱風侵襲臺灣，造成嚴重災情，重創青潭堰。

新店的青潭堰，西元一九七五年完工啟用，攔取新店溪的溪水，以便取水還可以發電，對大臺北地區的供水有重要貢獻。

西元一九七九年的歐敏颱風來勢洶洶，讓完工才四年的青潭堰遭到部分沖毀，立刻造成了大台北地區的嚴重缺水。

為了救災搶修青潭堰，國軍派出了陸軍工兵連進行緊急搶修，當時灣潭沒有聯外道路，所以只能從新店溪對岸的新烏公路端，以浮橋進行搶修。連長陳金龍少校率領部屬搶修了三晝夜都沒有休息，而且在關鍵時刻，居然又發生了牽引浮橋的鐵鎖斷裂的意外，陳金龍為了要搶救部屬而被新店溪洪水沖走、英勇殉職，年僅二十七歲，身後留下兩名年幼的子女。

陳金龍連長是南投人，本來在西元一九七九年的年底就可以因服役期滿而退伍，但是因為遇上了美國與中華民國斷交的重要危難時刻，有感於國家安全已經陷入了風雨飄搖，他毅然決然申請留營，誰知道這一留下來，隔年就因公殉職。

為了紀念陳金龍連長的義行，當時的總統蔣經國特別頒發旌忠狀，以昭陳金龍的忠勇事蹟，並且追晉他為陸軍中校，入祀忠烈祠；當時聯合報系董事長王惕吾等各界踴躍捐款，在青潭的新店溪畔樹立了陳金龍的銅像紀念碑。

颱風過後，政府開闢了可以進入灣潭的山間道路，以便在灣潭這一端也能修復青潭堰，從此灣潭的居民才有了可以通行車輛的聯外道路。為了紀念因公殉職的陳金龍連長，這條路就命名為「金龍路」。

惡臭藍光水溝竟是瑠公圳遺跡

距離碧潭不遠的新店北新路，有幾段大水溝一直有惡臭，包括七張段的大水溝以及寶斗厝一帶的大水溝。西元二〇二四年實際走訪，發現大水溝還真是臭，一查才發現，所謂的大水溝，居然是珍貴的瑠公圳遺跡！

瑠公圳建於清朝乾隆五年（西元一七四〇年），已經兩百八十多年，當時從碧潭引水灌溉，曾經是臺北地區最重要的農田水源。

耆老回憶瑠公圳的水還有流通時，水質清澈、兩岸綠樹夾道，景色非常優美。但是隨著都市發展、農田改為住宅，瑠公圳逐漸喪失灌溉功能，在西元一九八四年正式結束了灌溉供水的使命，如今已無引水功能，圳道沒有了活水源頭，又遭排放廢水，這才漸漸傳出惡臭，甚至可以看見蟑螂、老鼠在圳溝裡亂竄。

實地勘察發現，瑠公圳遺跡的沿岸有佈置藍光彩燈，在夜晚增添許多美感，很容易吸引經過的路人觀賞，但是一靠近就聞到濃濃惡臭撲鼻而來。

除了七張，其實瑠公圳從碧潭的圳頭往北到景美溪的新店端，長達三．八公里，多處都是圳溝，都有惡臭問題。只有碧潭大橋之下的圳頭段，因為用心規劃，所以成為觀光景點，該處設有瑠公紀念碑、引水原址水栓、抽水站、仿製的引水門等。

新北市政府已經編列兩百萬元預算給新店區公所，希望幫助整治，多年來也一直努力美化沿線公共空間，包括設置提醒標語「瑠公圳道新店特有，常保清流子孫同享」。

當年瑠公圳為了要灌溉臺北的田地，圳道幾乎是單線貫穿新店，大致是從碧潭開始，沿著現在的北新路直至景美溪。至於常被搞混的大坪林圳，因為是要灌溉新店的五個庄頭，主要圳路從新店溪到了獅頭山（小獅山）的西邊，開始分成了兩線，東線走的是現在的中興路，一直到寶斗厝；西線則流向十四張與二十張，分線密密麻麻。

世界上的進步都市，都以能有一條美麗乾淨的天然河川為榮，所以法國整治巴黎的塞納河、韓國整治首爾的清溪川。瑠公圳等圳道雖然不是天然河川，對先民開墾卻有重要貢獻，如果能夠讓這些一度美麗又有貢獻的人工圳道，在失去農業灌溉的使命之後，依然可以繼續清水長流，更能彰顯現代都會的文明。

板橋林家之前已有板橋林家

板橋後埔街有一間低調的宗祠，上面寫著「林氏大房」，讓人想起知名的板橋林家。提起板橋林家，很多人會想到的是林本源，有人還以這是人名。林本源其實不是一個人，而是板橋林家林國華與林國芳兩系的商記合稱，如今已經成為板橋林家的代名詞。

最早的板橋林家其實是林成祖家族，林成祖本名林秀俊，他才是最早開墾板橋的林家人。林秀俊，乳名王，字茂春，號天成，又號成祖，據說林秀俊是在五十歲以後才以墾號名稱而自號「林成祖」。

林秀俊出生於福建省漳浦縣石榴鎮攀龍村，康熙三十八年（西元一六九九年）出生，雍正十二年（西元一七三四年）來臺，時年三十五歲；另一種說法是他在二十歲就渡海來臺。先住大甲，擔任通事，負責番社與官府的翻譯、溝通，他也承租番田，設立林成祖商號，招佃開鑿大甲圳，田地大增於是致富，再北上到擺接堡和興直堡，擔任通事並且開墾，開墾的地方包括現在新北市板橋、中和、永和的全部，以及新莊平原的大部分地區，包括土城、三重和五股。前述這段根林秀俊有關的歷史，主要出自於連橫編撰的《臺灣通史》，不過可能因為早年史料收集不容易，若干記載還有待查證，例如開鑿大甲圳是否為真；除此之外《臺灣通史》關於林成祖因為林爽文事件而被關押的內容，也與真實歷史不符。儘管如此，瑕不掩瑜，許多珍貴歷史因為《臺灣通史》而得以保存。

當年板橋幾乎都是平埔族擺接堡社的範圍，林成祖的開墾遭到了原住民的強烈反對，本來難以繼續，適逢傳染病盛行，林秀俊懂醫術，救治很多人，原住民頭目因為感謝，不只同意開墾，還把女兒潘氏許配給他，從此漢人才能在板橋開墾，而且變成漳州人在北臺灣的重要根據地。

林成祖為了方便灌溉，在乾隆元年（西元一七三六年）開鑿大安圳，從現在的土城接引大漢溪水進入板橋，圳長三十多里，因為洪水而屢毀屢修，歷經二十年，最後終於開鑿成功，才能順利開墾板橋的土地。

林秀俊同時還開鑿永豐圳，在乾隆十八年（西元一七五三年）完成，引新店溪水灌溉現在的中和以及永和，順利開墾更多土地。

成為巨富的林秀俊，開墾的土地還包括現在的新莊、三重、五股等地。到了乾隆二十九年（西元一七六四），林家在板橋大建房舍、公館以及倉庫，形成今天的後埔街，大房居住的後埔公館也是開基祖厝；二房住在新埔公館，三房住在深丘公館。除此之外，在枋寮（現在的中和）新莊以及擺接十三莊都設有公館，負責收租及納穀等業務。林秀俊家族在內湖也有上公館和下公館。

乾隆三十六年（西元一七七一年）林秀俊辭世，子孫為他建造的墳墓在乾隆三十九年（西元一七七四年）完成，坐東北、朝西南，背倚公館山，面向基隆河，左青龍是南港山脈，右白虎為五指山脈，視野遼闊，能夠遙望林秀俊開墾的擺接平原與新莊平原。原本林秀俊墳地的面積有三千多坪，氣勢不凡；後來部分土地被政府徵收。當年一片草原之中的林秀俊墳墓，隨著內湖的快速開發，現在已經變成舊宗路眾多高科技大樓中的獨特景點，就位於現在內湖區舊宗路二段的道路旁，更加顯眼。林秀俊的後代子孫每年都有幾百人來此祭祖，場面盛大，永懷一代傳奇人物的偉大成就。

因為水圳的維修需要持續投入龐大費用，林秀俊家族不願再繼續，流經雙和的永豐圳逐漸荒廢，到了乾隆六十年（西元一七九五年），才由張仲裔、林登選合夥，重新開鑿疏通原本的舊圳道。至於大安圳，林秀俊的第四代孫林步蟾，在道光二十六年（西元一八四六年），把所有權轉讓給林本源家族，板橋發展從此進入林本源家族的時代。

臺灣民間信仰中居然有一位「女生尊王」？這位女王到底是誰呢？原來竟然是俗稱「國姓爺」的延平郡王鄭成功。只是，國姓爺怎麼變成女生了？而且還是「女生尊王」？

先前查找資料，在「臺灣記憶」網站看見記載著一筆「福普坤輿國女生尊王祠碑」，乍看之下還以為是有個國家叫「福普坤輿國」，其中還有一位「女生尊王」，而且留下了一塊祠碑。仔細看了內容才知道，原來是網頁的標題出了問題，「國姓尊王」被誤植成「國女生尊王」了。

這筆臺灣記憶相當珍貴，記載的是板橋福興宮在日治時期昭和四年（西元一九二九年）重修紀念的碑文。「福普坤輿國姓尊王祠碑」的石碑還保留著，但是實際走訪就會知道，當時的刻字現在已經越來越難辨認，還好有這筆網路上可以找到的數位典藏。

碑文主要內容是：「茲因我湳子庄福普坤輿及國姓尊王之廟重修，倡首發起人胡春來招集諸庄民樂善施為不絕，謹將寄附金額芳名列明于左：江璞亭五拾元……。昭和四年歲次己巳新曆拾貳月貳拾日吉置。」

板橋福興宮是新北市板橋區歷史最古老的宮廟，俗稱湳仔港土地公廟，廟中有兩塊古蹟石碑，最久遠的一塊石碑上面刻下的年代是乾隆四十五年（西元一七八〇年）；另一塊石碑就是日治時期的「福普坤輿國姓尊王祠碑」，碑文裡面寫的是「湳子庄福普坤輿」就是福興宮。

福普坤輿是指福德正神，至於國姓尊王，則是國姓爺鄭成功，他曾被南明的隆武帝朱聿鍵賜姓朱，因此俗稱國姓爺。

使用福普坤輿稱呼土地公，用典其實非常有學問，並不算太常見，出處可能是《易經．說卦》：「坤為地、為母……為大輿。」因為古人覺得大地能夠承載萬物，像是輿（古代的車、轎）一樣，所以稱大地為「坤輿」。坤輿是大地，於是可用來尊稱俗稱土地公的福德正神。

網頁文字出現標題誤植，在西元二〇二四年被發現之後已經快速更正。瑕不掩瑜，努力保留臺灣記憶功不可沒，應該給予肯定。

板橋福興宮，地方俗稱湳仔港土地公廟，是新北市板橋區歷史最古老的宮廟，建立於乾隆四十五年（西元一七八〇年），原先宮廟前面就是湳仔溪的渡口，是過去的渡船頭所在地，旁邊還有湳仔港。板橋福興宮西元二〇二一年已經搬家到南雅夜市的巷弄。

福興宮有兩塊非常重要的石碑，一塊上面刻著乾隆四十五年的字樣，稱為「福德祠碑」，清楚記載了宮廟的悠久歷史，最少可以追溯到乾隆年間。另一塊上面刻的年代是昭和四年（西元一九二九年），稱為「福普坤輿國姓尊王祠碑」，證明這一帶本來祭祀的神明還包括了國姓爺鄭成功。

令人不解的是，不知何時開始，福興宮及附近不再有國姓爺的祭廟。

西元二〇二四年實地走訪搬了新家的福興宮，除了原宮廟以及字跡越來越模糊的祠碑還在角落，現在宮廟裡主祀的是福德正神、天上聖母、以及文武財神，似乎看不到國姓爺鄭成功。詢問宮廟人員福興宮有沒有拜國姓爺，得到很明確的答案：沒有。

根據「臺灣記憶」網站的數位典藏資料，昭和四年「福普坤輿國姓尊王祠碑」的主要內容是：「茲因我湳子庄福普坤輿及國姓尊王之廟重修，倡首發起人胡春來招集諸庄民樂善施為不絕，謹將寄附金額芳名列明于左：江璞亭五拾元……。昭和四年歲次己巳新曆拾貳月貳拾日吉置。」

福普坤輿是指福德正神；而國姓尊王就是國姓爺鄭成功。由此可見，日治時期的祠碑是把福興宮與國姓爺並列的。只是，當時是在同一間宮廟？還是福德正神與國姓爺各有宮廟，但地方人士一起重修並且立碑？目前查不到資料，還有待進一步研究。

遍查福興宮附近，現在已經沒有「國姓尊王之廟」，倒是不遠處，靠近林本源園邸的接雲寺，在東廂房配祀有延平郡王，也就是國姓爺鄭成功。接雲寺最早興建於清朝咸豐六年（西元一八五六年），到了光緒十三年（西元一八八七年）搬遷到現址。接雲寺的延平郡王是否與昭和四年祠碑提到的「國姓尊王之廟」有關，還有待後續研究。

接雲寺主要祭拜的神明是觀世音菩薩，所以日治時期石碑提及的「國姓尊王之廟」，但是後不會是接雲寺。比較合理的推論是本來在福興宮旁邊有一座「國姓尊王之廟」，但是後來消失在歷史的洪流中。經過多方詢問，仍不確定還是不是跟接雲寺配祀的延平郡王有關。請教土生土長的「板橋阿嬤」徐麗霞博士，她說地方人士多年來就有此疑惑，也認為可能跟接雲寺配祀的延平郡王有關，但是沒有確切解答。

回顧臺灣歷史，分類械鬥以千百計，死傷成千上萬，人命只如草芥。

很多人以為分類械鬥是一場又一場的武裝衝突，而且經常提起咸豐三年（西元一八五三年）的頂下郊拚以及咸豐九年（西元一八五九年）的漳泉大械鬥，以為這兩場是北臺灣最大的兩場械鬥。

這樣的理解或許未必正確，因為咸豐三年發生的械鬥包括了頂下郊拚與漳泉械鬥，這些械鬥固然有其前因，在此之後又延續了七、八年之久，包括咸豐九年的漳泉械鬥，可以說都是不可分割、持續進行的臺灣內鬥，只是械鬥規模有無擴大而已。

清朝咸豐三年（西元一八五三年）的頂下郊拚，是發生於艋舺的分類械鬥，一方面是頂郊的泉州三邑人（三個縣，故稱三邑），另一方面是下郊的泉州同安人，結果同安人敗走當時還有許多原住民居住的大稻埕。

咸豐三年，臺北不只發生頂下郊拚，還有閩粵械鬥、漳泉械鬥，彼此因為攻守聯盟的合作或不合作而互有關連。這一年臺灣不只處處械鬥，還發生飢荒，甚至出現人吃人的慘況。

臺灣第一位本土進士鄭用錫在這一年曾經寫下〈勸和論〉一文，可惜卻無法阻止後續的械鬥。

同樣在這一年，漳州籍的板橋林本源家族開始興建板橋城，到了咸豐五年（西元一八五五年）完工，這座城有助於漳州人在咸豐九年（西元一八五九年）那場規模空前慘烈的漳泉大械鬥中，擊敗了以新莊、艋舺等地為大本營的泉州人。當時雙方各有大約三千人拼鬥，場面驚人，死傷難以估計。

咸豐十年（西元一八六〇年），漳泉和解，原因是一來械鬥的結果太慘烈，雙方都深感不能再繼續下去；二來是外有列強環伺，滬尾已經在咸豐八年（西元一八五八年）開放洋人通商。

所以板橋林本源家族的林維讓兄弟，主動提議把親妹妹許配給泉州來臺的舉人莊正。在這之前，漳、泉世家幾乎不相婚嫁。林本源家族又接受莊正建議，結合仕紳一起捐出林本源園邸旁邊的土地，出資興建文昌祠與大觀學社，請莊正主持，廣收漳、泉子弟一同學習，期望能自小就和睦共處。從此以後，臺灣終於不再有大規模的漳泉械鬥了。

大觀學社的命名由來值得一提，由於當時漳州人多住在大屯山附近，泉州人多住在觀音山附近，所以從大屯山、觀音山各取第一個字，取名大觀學社，以示漳泉融合。

大觀學社後來改名大觀義學，現在的名稱則是大觀書社，裡面還開設大觀幼稚園，地址是在新北市板橋區西門街；至於有國立臺灣藝術大學的新北市板橋區大觀路，則跟大觀書社相隔了數百公尺之遠。

分類械鬥雖然慘烈，正史記載不多，往往只有寥寥數語。文學作家王湘琦在他的《俎豆同榮》一書，鮮明重現了頂下郊拼的慘痛情況，臺灣人應當要引以為戒。小說雖好，但是不論再怎麼寫實，恐怕也只寫出了臺灣多年械鬥真實慘況的一小部分而已。

學風之始不是建學碑而是義學碑

板橋學風的開啟，主要的推手是板橋的林本源家族，有兩塊古董石碑提供了見證。

一塊石碑是知名的「枋橋建學碑」，紀念板橋林本源家族在日治時期的明治四十一年（西元一九〇八年）捐地，並且出資興建枋橋公學校（現在的板橋國小），紀念的石碑目前還豎立在文化路旁、板橋國小正門口東側的圍牆之內。

另一塊石碑歷史更悠久，不但開啟在地學風，堪稱板橋第一碑，而且背後有一段充滿血淚的故事。

如前所述，清朝時期臺灣分類械鬥嚴重，原本勢力比較佔上風的是泉州人，後來漳州籍的林本源家族興起，不只領導漳州人，還興建了板橋城，果然在咸豐九年（西元一八五九年）的漳泉大械鬥擊敗了以艋舺、新莊為根據地的泉州人。

林本源家族等漳州人獲得慘勝，深知這樣下去不是辦法，畢竟雙方各有數千人拼殺，就算贏了也是慘勝，死傷慘重，萬一輸了更不堪設想，因此林維讓兄弟主動將妹妹林要姬許配給泉州來臺的舉人莊正，打破了先前漳泉不相婚嫁的慣例，又聯合板橋仕紳一起捐出了林家花園旁的一塊地，在同治二年（西元一八六三年）建立大觀學社，請莊正主持，廣收漳、泉子弟一同學習，讓彼此從小就能相識相熟、不再互相仇視。在這之後，板橋子弟在科舉上多有斬獲，可見學風確實大有發展。

取名大觀，是因為漳州人大多住在淡水河出海口右岸的大屯山附近，而泉州人大多住在淡水河出海口左岸的觀音山附近，以此為名，象徵族群和諧。

同治十三年（西元一八七三年）大觀學社擴大規模改名大觀義學，莊正親筆寫下了〈大觀義學碑記〉，這塊碑記至今還嵌在正殿的右壁，全文如下：

程子曰：「治天下以正風俗，得賢才為本。」余謂非必天下也。即一都一邑亦然。風俗必本人心，人心關乎士習，賢才不可遽得，當培養而玉成之。然則化民成俗之原、興賢育才之道，莫要於建學立教。淡水海外荒徼，入版圖最後。國初以前，廢為狉獉，開闢百十年，瘴雨蠻煙，悉為含鼓嬉游之宇。然地富庶而人強悍，睚眥之怨，逞刃相仇，連年累歲，亡身破家不休。其性耶？習耶？其不學不教之咎耶？淡北距塹城學宮百餘里，維艋舺有學海書院，而甄陶未廣，僻壤孤村之士，既鬮教澤，甚有漫分氣類，畢生裹足，不登書堂者。民風之陋，士習之頹，職是故歟。歲癸亥，余游寓於茲，思有以洗滌而振興之。商諸外兄弟觀察林君維讓、維源，首倡義貲，創學舍於板橋東北偶，月集諸生攷課。余不才忝司月旦，既砥礪其德業，亦柔和其心性。遠邇士人，翕然向風。邇來民無競心，士有奮志，茶陋文風，日振日上，而科名亦遂以踵起，則教學之明驗大效也。夫堙鬱之開，在人不在地，轉移風氣，在士不在民。士為四民之首，一舉一動，關係民風士習。端則民生觀感興起日趨於善，漓則鄉里效尤放縱日騖於爭，故為士者，望彌隆責亦彌重。諸生既誦法先聖，號稱衣冠之士，非徒株守章句揣摩時尚，以弋取科名而已。所當納身禮讓之中，以變移鄉俗為己任。修於身而型於家，日與子弟鄉人言，出入友助，和親康樂，共為堯舜之民。興仁興讓，且徧國俗，中原禮義之邦，文物之地，何能以加。茲余內渡十年，再游斯土，深幸士氣民情，駸駸日盛。由是薰陶振作，使游淡北者，謂斯之風俗人才，冠絕海邦，豈不懿哉。顧維義學之設，鳩貲僅二千金。而土木營構，已逾五千餘所，建祀田三十石，及按歲攷課膏火費用數百金，皆觀察君昆仲捐助勉成。恆產未謀，後恐難繼，寸心用是耿耿。而余以親舍白雲，未敢淹留，客路清風，無從恢廣。觀察君昆仲好義性成，圖始必能圖終，或後之君子有與余同志者，不獨諸生之感，亦余所厚望也。義學之前，大屯、觀音山對峙焉，故名大觀。為屋二：中祀文昌帝君，劵諸生之文明兼奉濂、洛、關、閩五先生，示學術之標準。前為行禮出入之所，兩旁學舍十餘，前後有隙地可擴充，尚遲有待。余忝倡是謀，且兩登講席，敢不揣固陋，而為之記。其捐貲姓名，另書他石。同治十有二年，癸酉中春溫陵莊正並書。監工楊早明。

春秋時代吳國公子季札、西漢長沙王吳芮、東漢廣平侯吳漢，這些歷史上有名的王侯貴族，都是臺灣藝術大學一位吳姓老師的祖先。

其中，季札的故事還留下了強調守信與承諾的成語「季札掛劍」。這個故事現在是課本的教材，已經被傳頌了將近兩千年，早在三國時期就有漆盤彩繪，這些古物在西元一九八四年時出土。

史書記載，季札出使晉國時佩帶寶劍，路過徐國拜見其國君。徐君很喜歡這口寶劍，但是不好意思開口討取。季札知道徐君心意，但是因為當時佩劍是出使的禮節，因此他想等從晉國回來再贈送寶劍。等到季札回來再經過徐國，徐君竟已去世了。季札認為，自己心裡答應贈劍了，不能因為對方死了就違背自己的良心，於是把寶劍掛在墓旁的樹上。季札是吳國王族，有很多次機會可以接任吳國君王，但是都推辭婉拒。

臺藝大這位吳老師的來臺第一代祖先，是清朝乾隆時期的吳汝宗，到吳老師已經是第十代孫。吳老師生於苗栗公館，後來遷居板橋，西元一九八三年畢業於國立臺灣藝專，到美國密蘇里州的芳邦大學進修獲得傳播藝術碩士之後，回到母校任教，歷任就業輔導室主任、研究發展室主任、實習電影製片廠主任，並且曾經兼任教育部民族藝術薪傳獎執行秘書、電視金鐘獎評審委員、國家考試命題委員。

吳老師在任教時非常低調，很少談到自己的傳奇身世，直到退休之後投入族譜的整理與考究，才在聚餐時跟老同事提起。

有人好奇問：吳國王族季札的後人，怎麼會是漢朝的長沙王？漢朝的王族不是姓劉才對嗎？吳老師說，漢高祖劉邦開國之初，異姓為王者不少，其中就包括長沙王吳芮。不過長沙王吳芮的血統傳承確實有幾個不同版本，還可以繼續考證，有文獻說他是少數民族，也有研究認為他是夫差的後人或是季札的後人。吳老師的祖父傳給他的族譜採信後者。根據這個版本，夫差的後人在亡國後逃往高麗，建立了扶桑國，所以夫差的後裔不在中國。吳老師說，族譜還有一則跟吳家世系相關的有趣記載：「芮之弟莚，選三千童男童女，保護許福赴蓬萊採仙藥未歸。」

根據族譜，吳老師是季札的七十八世孫，西漢長沙王吳芮的六十八世孫，東漢廣平侯吳漢的五十八世孫。

新北市板橋區的一間廢棄老屋，在西元二〇二四年的一個夜晚，居然出現猙獰的髑髏鬼影？仔細一看，原來是老屋的外牆上被掛上了「鬼氣森森」、差不多是真人大小的一幅畫。夜裡突然看見，真會大吃一驚。

這幅髑髏鬼影的怪畫，就出現在新北市板橋區的國立臺灣藝術大學旁邊的巷弄內，附近還有華僑高中、大觀國中與大觀國小等許多學校。

仔細看，這幅畫其實是把「魁」字拆開，變成「鬼」和「斗」二字，看起來像鬼，其實是神明，是魁星。

傳統上，民間繪畫魁星時，都刻意畫出面目猙獰的模樣。至於單腳踩在鰲頭之上，一手執筆，一手捧斗，則是意指魁星點斗、獨佔鰲頭，這是對書人的好兆頭。

傳說中，魁星連續三次考狀元都有沒上，居然是因為他的相貌太醜。魁星悲憤交加，把裝書的木斗踢掉，投江而死。民間百姓仰慕其才華、悲憐其命運，所以祭祀他，漸漸將他奉為魁星，讀書人更祈求魁星可以保佑自己文運高照。

至於獨佔鰲頭的典故，是在唐宋時，考中的進士要在皇宮大殿的臺階下恭迎榜單，臺階正中央的石板上雕有大鰲，只有第一名的狀元可以站在鰲首之上，這就是「獨佔鰲頭」的典故。從這個典故來看，魁星踢斗的傳說，可以上溯到千年以前。

魁星踢斗的畫像雖然乍看之下鬼氣森森，但是內行人卻非常喜愛，尤其讀書人常放置魁星之像，以求神明保佑。

根據考究，魁星很有可能是「五文昌」裡面的奎星，不知道為什麼後來變成魁星，如今已經積非成是了。

新北市新店區的人類歷史悠久，歷史學者盛清沂早在西元一九六〇年代，就在新店溪的左岸發現了新石器時代的圓山文化遺址多處，距今三千多年。

漢人到來之前，新店為原住民居住，乾隆五年（西元一七四〇年），在臺北開墾中崙庄的郭錫瑠來到青潭開鑿水圳，與原住民發生激烈衝突。當時新店的平地還有平埔族居住，屈尺往上等山地則有泰雅族居住。其後，漢人逐漸進入新店開墾，取名大坪林，有七張等五庄。

新店最古老的土地公廟是「斯馨祠」，廟旁的「斯馨碑」是立於乾隆四十四年（西元一七七九年），足為見證。其後漢人又越過新店溪，進入直潭、灣潭與屈尺開墾。

嘉慶二十一年（西元一八一六年），黃朝陽等漢人來到直潭開墾，因為原漢衝突而退出，兩年之後又與馮、許、陳等三姓四家以「結首制」設隘開墾，這才得以固守。道光年間，王永慶家族的第一代開臺祖，從泉州安溪跨海來到直潭進行開墾；在此同時，泉州李、林、王三姓也來到了灣潭開墾。

西元二〇〇八年，文史人士意外發現民眾泡茶的「石桌」，竟然是已有一百八十六年歷史的石碑，是道光十五年（西元一八三五年），直潭通往灣潭道路修通的紀念，名為「緣碑」。這塊石碑的重新發現，見證了新店的發展歷程。

到了咸豐朝、大約一八五〇年代之後，漢人向山上開墾，在屈尺、廣興一帶與泰雅族激烈對抗。

咸豐年間，最早來到屈尺開墾的漢人，是林、張、劉、王、陳、周等姓，他們從故鄉安溪請來清水祖師的香信奉祀。西元一八六〇年從艋舺的清水祖師廟分靈奉祀，建立了岐山巖清水祖師廟。這是根據最早的立廟碑文記載。

不過二〇〇六年印刊的《岐山巖清水祖師廟誌》則提到早在道光二年（西元一八二二年）漢人已經來到屈尺，道光四年進行開墾，當時已有茅屋供奉清水祖師的香信，道光十四年因為原有茅屋毀損而重建。

光緒十一年（西元一八八五年），屈尺庄民在衝突中遭到原住民殺害，臺灣巡撫劉銘傳派員前往招撫泰雅族，在隔年成功，從此才能開山通路。

到了日治時期，日本總督府在臺北州文山郡新店街之下，設有直潭「大字」，其下有「直潭」、「灣潭」、「屈尺」以及「小粗坑」等「小字」。大字、小字是日治時期的行政單位。

從斯馨祠到岐山巖清水祖師廟，相隔一百多年。一座又一座的寺廟的發展歷程，也是清朝時期漢人在新店從平原到山區的開墾歷程。

民壯亭結束戰爭帶來和平

新北市新店區在靠近烏來區的屈尺、廣興一帶，本來是原住民泰雅族的居住範圍，隨著漢人開墾至此，雙方發生激烈的武力衝突，互有死傷。

屈尺、廣興一帶，據稱從清朝的乾隆年間就有漢人陸續到來，道光年間（西元一八二〇年代）陸續開墾，從安溪來臺的林家第一代就葬在屈尺，族譜記載道光年間林家已經有人「被番所害」；咸豐年間（西元一八五〇年代）形成聚落，一直到光緒十二年（西元一八八六年）才迎來和平穩定。

現存兩個知名古蹟，分別見證了前面的三個時期，一是岐山巖清水祖師廟，草創於開墾初期、擴建於聚落時期；屈尺民壯亭則是漢人開墾進入和平穩定時期的關鍵與見證。

漢人面對原住民的保衛家園之舉，採取聯合武力開墾的策略，在道光九年（西元一八二九年）聯合多庄的隘丁，古契約明文記載了十一個參與的聚落：「隘丁首林士雀併青潭庄、灣潭庄、蘆竹庄、粗坑庄、屈尺庄、出林口、鳳山埔庄、頂石厝、中溪洲、塗潭庄、直潭庄各庄眾」，而且訂定隘丁截殺原住民可以拿到「肆拾員」的高額賞格，這在當時是很大的數目，差不多是堂堂知縣一整年的薪水了；當時隘丁月薪大約是二員。萬一隘丁因為疏忽而造成佃農被原住民殺害，則要罰賠「拾貳員」。這份道光九年的古契約的記載如下：「若能截殺兇番頭顱伍顆以上者，各庄公鳩捐出佛銀，每顆應賞佛銀肆拾員，除伍顆外，其餘每顆賞銀拾員。倘隘丁巡邏鬆弛，禍延庄佃，致被兇番殺死者，每壹名隘丁自應備罰收埋銀拾貳員」。

重賞之下，在漢人開墾屈尺的前面兩個階段的幾十年期間，有多少原住民被隘丁截殺，這是一個血淋淋的議題，可惜還沒有能找到足以參考的資料。在此同時，這一帶有多少漢人遭到原住民殺害，同樣不得而知。

漢人的人數遠多於原住民（當地八社總共也只有八百多名原住民），而且在牡丹社事件之後，清廷決心好好經營臺灣，派出淮軍高階將領出身、銳意進取的劉銘傳擔任首任巡撫。

光緒十一年（西元一八八五年），有七名屈尺庄民遭到原住民殺害，據傳因為居民無法查知這七人的身分（另有一個說法是這七人皆無家屬），庄民把他們合葬在一起，雕刻「民壯公」石牌並設置石爐以撫亡靈，後來又建造一小型石廟以供遮擋風雨，多年以後又在上方擴建更具規模的牌位與新廟，形成今日看到的民壯亭。

因為前述七名屈尺庄民遭到原住民殺害的事件，劉銘傳對原住民軟硬皆施，一邊派出軍隊壓境，展現軍威；一邊也表達善意，懲處一名先前凌虐原住民的副將，又對於原住民首領給予籠絡，包括允諾給予總首領每月六兩、八社首領每月四兩的鄉勇餉銀（淮軍每月軍餉大約四兩），並且提供八社首領子弟讀書的機會，成功招撫了泰雅族原住民，從此才能開山通路，讓屈尺與廣興進入和平發展的時期。

劉銘傳巡撫在光緒十一年十月二十九日向朝廷發出的〈剿撫滋事生番現經歸化摺〉，對於整個過程留下了相當詳細的說明，雖是漢人片面之詞，仍有參考價值：「臣查屈尺莊在淡水東南，離城只三十里，該處生番八社，男婦不過八百餘人，總目馬來，號稱驁桀，曾經前撫臣岑毓英招撫未成。此次臣派令劉朝祜於本月十七日帶領親兵百人，會同近莊紳士候選縣丞李秉鈞、訓導劉廷玉先往屈尺察看地勢番情；隨飭譯人入山勸諭馬來就撫，否則定於二十日派兵攻剿。馬來聞臣劾治副將潘高陞，謂其不袒官民以虐番也，則大喜；十九日親至屈尺莊求撫。所有八社番丁，皆願薙髮歸化。臣復令淡水縣知縣李嘉棠馳赴屈尺，會同劉朝祜妥為收撫，議定規章十條。每社頭目派為社丁，月給勇糧，其總目馬來，月給口糧銀六兩，按月親至淡水縣署領取，藉通聲氣。八社頭目，各選子弟一人至城讀書。生番地界，各歸各業，不許軍民侵佔。現已陸續來營薙髮矣。」

位於新北市新店區新烏路二段路旁的民壯亭，見證了清朝時期漢人開墾從衝突到和平的階段，深具歷史意義。

輯　三

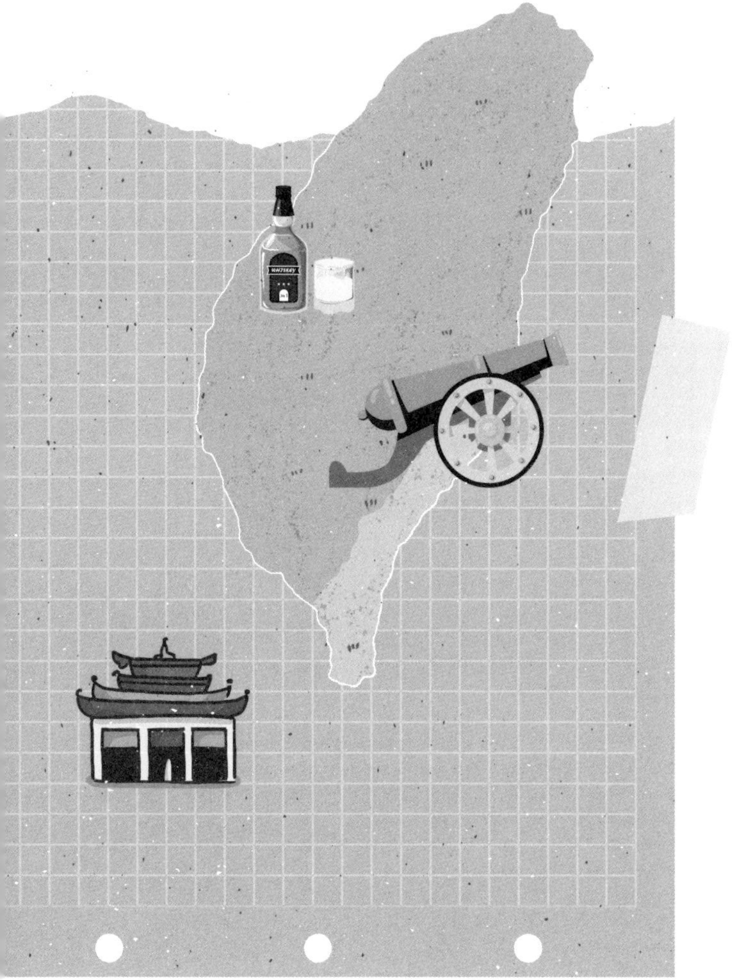

新店百年活古蹟一直被誤會

新北市新店區的百年活古蹟「粗坑發電廠」，吸引了許多文史愛好者前來朝聖，早在西元二〇〇一年就獲選為「臺灣十大土木史蹟」。這麼重要的活古蹟，居然一直被誤會。

粗坑發電廠興建於日治時期的明治四十年（西元一九〇七年），兩年之後完工，不只當時是臺灣的第二座水力發電廠，現在是歷史超過百年的古蹟，更重要的是至今還在繼續運作，這也是為什麼被稱為活古蹟。

粗坑發電廠座落在新店郊區的青山之中，造型精美、古色古香，非常搶眼。不過，粗坑發電廠的建築到底屬於什麼風格，多年以來一直被誤會，網路上始終以訛傳訛，連政府的官方資訊都有錯誤。

首先是名稱常引起討論，到底是粗坑還是小粗坑？兩個答案都正確，這涉及了歷史的變遷。

總督府當時興建的是小粗坑水力發電所，名稱來自於地名，發電所的地點位於台北州文山郡新店莊直潭字小粗坑。小粗坑發電廠在西元一九七五年改為無人發電廠，並且改名為「桂山發電廠粗坑分廠」，因為這時當地的里名是粗坑里。

由此可知，當地原名小粗坑，後來設有粗坑里，所以稱之為小粗坑或粗坑發電廠都可以。

值得一提的是，臺灣有很多地方都有相同的地名，因為都是來自地理特徵，就像是新店的灣潭或粗坑等等，例如以粗坑為名的地名，光是在新店就另有小粗坑以及大粗坑，外人很容易混淆。小粗坑是指現在的安祥路一帶；大粗坑則是指安泰路一帶。

針對粗坑發電廠的建築風格，經濟部水利署網站提到：「粗坑有著具百年歷史、外觀為巴洛克建築風格的粗坑發電廠，還有融合自然生態、串起新店與烏來的屈尺古道，適合走訪踏青。」

新北市永續環境教育中心的網頁也認為：「小粗坑發電廠」是臺灣第二座水力發電廠，目前是臺灣現存最古老的發電廠，已有百年歷史，巴洛克建築風格。

新北市新店區公所的網頁，則是這樣介紹：「巴洛克建築的小粗坑發電廠，幽幽靜靜的佇立在山間水湄一角。」

前述許多資訊都指稱粗坑發電廠是巴洛克建築風格。可惜，這是由來已久的以訛傳訛。了解西方建築史就會知道，建築風格從古希臘、羅馬、歌德到文藝復興一路演變，其中義大利發展出巴洛克建築風格。巴洛克的原意是不規則的珍珠，由此可見巴洛克風格的建築特徵，就是圓中求變、不拘傳統，甚至積極彰顯莊嚴與奢華。巴洛克建築風格盛行於十六至十七世紀的歐洲，法國的羅浮宮被認為是登峰造極之作。

日治時期臺灣最常見的建築風格，應該是當時歐洲流行的西洋歷史式樣，也就是模仿並且組合西洋建築史的各種不同風格，當然也包括了巴洛克在內的各種風格。國立成功大學建築系名譽教授傅朝卿甚至認為，臺灣完全沒有巴洛克風格的建築，最多只有仿巴洛克風格。

如前所述，巴洛克風格的特點是華麗、甚至是誇張，經常還金光閃閃，代表建築之一是法國的羅浮宮。從這個角度來看，很清楚可以知道粗坑發電廠絕對不可能是巴洛克風格。粗坑發電廠的管理者台電公司比較謹慎，在《台電月刊》只提到粗坑發電廠是「仿巴洛克風格建築」。不過嚴格說起來，粗坑發電廠就算有仿巴洛克，仿的程度也非常有限，比較明顯的山牆是古希臘建築特色，至於圓拱門則是古羅馬建築特色，所以應該也屬於西洋歷史式樣。

順帶一提，粗坑發電廠的山牆上仍然保留日治時期「台灣電力株式會社」的標誌，就是在總督府的「台」字標記外圍再加上電紋。如果沒有外圍的電紋，就是總督府的台字標誌了。

就在交通方便的臺北車站園區之內，有一處非常具有歷史意義的日式建築與庭園，不但古色古香、佈置典雅，彷彿一秒就來到日本，而且這裡還不收門票，卻總是遊客稀疏，或許是因為知道的人實在不多，這就是「國父史蹟館」。

這個國父史蹟館，當然不是位於臺北市信義區仁愛路的國父紀念館。國父史蹟館原名「梅屋敷」，早在日治時期的明治三十三年（西元一九〇〇年）建成，已經有一百多年的歷史，座落於當年的御成町，如今是臺北車站的逸仙公園，就在中山北路、市民大道交會處，入口在中山北路上。

值得一提的是，正是由於梅屋敷成為國父史蹟紀念館，門前的日治時期「敕使街道」才改名「中山北路」，中山區也是因此得名。

國父史蹟紀念館的建築是當年旅館建築的重要代表，木造日式建築物的現況良好，原本是日治時期日本人經營之「梅屋敷」旅館的接應室。更有歷史意義的是中華民國的國父孫中山先生曾經親臨此地，他在西元一九一三年八月五日入住梅屋敷，讓這棟日式建築具有歷史人物事件的價值，更加值得保存，已經被列為臺北市的歷史建築。

梅屋敷原本的座落地點稍南一點，因為配合鐵路地下化工程，現在的建築是從原地往北遷移了五十公尺，在西元一九八五年拆存舊料，在西元一九八七年復建，努力做到「整舊如舊」。原本日治時期日本建築物只有一館一亭，復建時擴建了池塘庭園及迴廊，增添中國式庭園之美，正式取名為「逸仙公園」。

根據研究，孫中山一共三次來臺，第一次是西元一九〇〇年九月二十八日，當時是要尋求總督兒玉源太郎及民政長官後藤新平對惠州起義的援助，由製茶起家的產業名人李春生接待，住在李春生位於新起町的小洋樓，具體位置大概現在長沙街二段。但是後來希望落空，惠州起義失敗，孫中山在十一月十日離開臺灣前往日本，前後停留了四十二天。

第二次是西元一九一四年七月，當時國民黨發動討伐袁世凱的二次革命失敗，孫中山第二次來臺北，這次就是住在御成町的梅屋敷。當時總督府還派兵在門口警戒，名義是保護，但更可能是避免孫中山跟臺灣民眾有過多的接觸，以免造成民心思變。孫中山在八月九日離開臺灣，前往日本神戶。

第三次是西元一九一七年，孫中山被迫離開為了維護臨時約法而在廣州組織的軍政府，在六月一日從汕頭先到臺北再轉赴日本。

孫中山雖然只來過臺灣三次，每次停留的時間都不太長，但是對臺灣知識青年的影響非常大。早年知名影星翁倩玉的爺爺翁俊明，出生於日治時期，臺南非常出名的神童，從小就有醫學天分，他就讀總督府醫學校時，跟同學杜聰明、學弟蔣渭水等多人，因為支持孫中山革命，在西元一九一〇年七月二十四日一起成立了「同盟會臺灣通訊處」。

杜聰明是臺灣第一位醫學博士，在他親自撰寫的回憶錄特別提到這段歷史，這是很珍貴的第一手資料：「民國初年前後，筆者是在醫學校之學生時代，我們臺灣青年雖受日本統治下，但我們漢民族的意識很旺盛，每朝起床就閱讀報紙看中國革命如何進展，歡喜革命成功。我們醫學校學生及國語學校學生有志相聯繫，秘密集會。記憶一次星期日在艋舺平樂遊料理店，數次往和尚洲柑園內聚會，討論時局的變化，及募款寄往國內作革命資金之一部分，醫學校學生中最熟心者蔣渭水、翁俊明、蘇樵山、曾慶福及筆者等。國語學校有李根盛。又當時國內自福州有同級生王兆培，自漳州有後級生陳春輝在學，國內事情比較清楚，我們很歡喜聽他們的報告革命成功的經過。」

西元一九二五年三月十二日孫中山因病逝世，隔日消息傳到臺灣，許多民眾還不太願意相信，後來確認是真，《臺灣民報》以「哭望天涯弔偉人——唉！孫先生死矣！」為題目發表社論，以哀痛而激情的語句寫著：「夢嗎？真嗎？三月十三日的電文說孫中山先生死！可是這次似乎真的死了！想此刻四萬萬的國民正在哀悼痛哭罷！西望中原，我們也禁不住淚泉怒湧了！一封電報就能叫我們如此哀慟，這都為了什麼？因為他是自由的化身。」

孫中山真實姓名是孫文，號逸仙，如今世人記得的姓名卻是孫中山，這是因為當年革命不便用本名，以免招來殺身之禍，甚至禍延家人與朋友。孫文旅日時化名中山樵，中文書籍報刊則稱之為孫中山，革命成功之後雖然可以使用真名了，但是世人都已習慣此一稱呼。

喜歡品嚐威士忌的朋友不少，但是喝過酒齡超過百年威士忌的酒友應該就不多了，至於唯一進入臺灣紀念館的威士忌，放眼全臺，應該沒有人喝過，這瓶獨特的威士忌，就是在臺灣新文化運動紀念館典藏的威士忌。

這瓶威士忌非常有歷史意義，贈送者是中華民國國父孫中山，至於威士忌的來源，已經變成無解的謎。

西元一九一四年，國民黨發動討伐袁世凱的二次革命失敗，孫中山在八月五日來臺北，住在御成町的梅屋敷，只停留短短幾天，在八月九日離開臺灣，前往日本神戶。

據說當時因為袁世凱可能對孫中山不利，孫中山來臺期間，總督府還派出衛兵在梅屋敷的門口警戒，確保安全；也有人認為總督府可能是想要避免孫中山跟臺灣民眾有過多的接觸，以防造成民心思變。

當時同盟會在臺灣已有組織及同志，據說廖進平帶來六萬日幣的捐款，同行還有蔣渭水。孫中山回贈兩人各一瓶威士忌。有文章說這兩瓶威士忌是孫中山隨身攜帶，這種說法可能有點問題，因為孫中山不太喝酒，而且又是在避難的途中，怎麼會隨身攜帶威士忌？所以不太可能是隨身攜帶，比較可能是來臺後有訪客拜訪時帶來贈送。

當時日本權貴已經有贈送威士忌的習慣，臺灣史學前輩、板橋林本源家族的林衡道（一九一五～一九九七），在其描述日治時期的寫實小說《前夜》，就寫下日本軍官致贈威士忌的描述。林衡道自述他這本書：「掛小說的招牌，事實上從頭到尾都是寫當年的歷史，而且幾乎全部都是我親身經歷的實事。」

孫中山送人的威士忌，有可能就是來自總督府官員的餽贈。贈酒這種小事，除非當時有特別記載，否則如今已經事隔一百多年，這兩瓶威士忌到底是從何而來，真相恐怕已經難以查證。

西元二〇二四年請教本身就喜愛威士忌的臺北市文化局長蔡詩萍，他開心說有幸親眼看過這瓶鎮館之寶，也證實目前這瓶酒還妥善存放在文化局轄下的臺灣新文化運動紀念館。

在臺北市仁愛路四段二五八號，有一尊銅像，名為「蔡紅福安先生紀念像」。蔡紅，字福安，在清朝時期的西元一八九〇年出生於苗栗縣竹南的獅山。

獅山名為山，其實是海濱平原的一個地名，位在苗栗西北邊靠近臺灣海峽之處。這一帶原本是道卡斯族的中港社居住範圍，曾經有港口的便利，所以清朝乾隆年間，來自福建的漢人就陸續渡海到此開墾，形成了中港街，至今在地方上還有中港的地名；也有澎湖居民跨海移民到這裡，留下了澎湖厝的地名。

出生在獅山的蔡福安，人生有許多傳奇，一是蔡家到他一代已經是三代單傳，人丁單薄。蔡福安五歲時父親就已經過世，父系已然舉目無親。自幼就貧困的蔡福安，還好有舅舅幫著撫養，直到他能自食其力。

成年後的蔡福安，人生前半生依然貧窮，但是他不但娶妻生子，而且生下了五子三女；接下來更傳奇、而且可能無人能及的是，儘管蔡福安的收入只能勉強讓家人餬口，沒有多餘的財力去教育與栽培子女，甚至還要子女幫忙務農，但是他的五個兒子，後來有三人先後成為臺灣首富，到了他的孫子這一代，也已經有五人被稱為臺灣首富。

清朝以來，臺灣有不少人曾經被稱為首富，包括在清朝已經盛極一時的板橋林本源家族多人，日治時期快速崛起的辜顯榮，投入石油塑膠工業而致富的王永慶，因為精密科技代工而興起的郭台銘，生產食品成功進軍對岸市場的蔡衍明等，許多人都曾經被稱為臺灣首富，各領風雲。

如果針對同一家族曾經成為臺灣首富的人數來看，蔡福安的子孫兩代，最少已經出現八位臺灣首富，足以讓蔡福安名垂青史。

宋朝時，李潛與子孫三代，因為「一門八進士」而傳為千古佳話。蔡福安的子孫兩代則已經有「一門八首富」；難得的是富而好學，第二代的蔡萬才早就已經考上國立臺灣大學法律學系；第三代更多人從國立臺灣大學法律學系與商學系畢業，進而留學海外獲得碩、博士學位，還因為社會貢獻而經常獲頒榮譽博士。

為什麼蔡福安家族能夠有這種成就？蔡萬才在紀念父親的銅像底下，銘記一段非常發人深省的文字，他緬懷福安公「平生以誠實勤儉聞於鄉里，並樹立優良家風傳承後代而奠定蔡氏事業發展之基礎。」

新北市三重區靠近淡水河有一處眷村文化園區，這裡不但保存了當年眷村的面貌，而且還有秘密古蹟——日治時期的炮臺基地。

這個眷村，本來是日本總督府在二次大戰時間建置的高炮陣地，目的是就近防衛總督府的上空，對抗美國空軍的襲擊。

第二次世界大戰結束之後，日軍撤回日本，高炮陣地廢置，西元一九四九年政府撤退來臺，空軍高射砲兵就駐紮在三重，並且將原本的日軍高砲陣地直接改建為眷村，從西元一九五四年開始，以日治時期的防砲陣地為核心，在四周陸續興建眷舍，後來因為眷村就在淡水河旁，經常遭遇颱風、水患等天災而毀損，多次改建而形成今日空軍三重一村的樣貌。

經過了將近半個世紀，《國軍老舊眷村改建條例》在西元一九九六年通過，空軍三重一村本來計畫要拆除，後來順應文史人士的奔走與呼籲，決定原貌保留，在西元二

○○六年登錄為歷史建築，成為新北市眷村類文化資產的第一例。

修復後的空軍三重一村，以「新北市眷村文化園區」的名義，成為觀光園區，在西元二○一八年十一月十日正式開放民眾參觀，推動眷村文化保存及教育推廣。先前公共電視推出由曹瑞原導演所執導的《一把青》，因為故事題材是名作家白先勇所寫的同名空軍故事，頓時引起大家對空軍眷村的好奇，連帶也引起大家對空軍三重一村的興趣。

空軍三重一村的面積約為一．三八公頃，為北部地區目前僅存的防砲眷村，除了維持眷村的本來面貌之外，其中還有一個很特別的古蹟，就是保存有日治時期構築的防砲陣地以及地下甬道遺跡，形成地表上是眷村園區，地底下則有日治時期軍事基地的有趣現象。炮臺的甬道原本有十個出入口，在眷村時期是當時兒童的遊樂基地。

儘管炮臺甬道保存良好，但是先前沒有開放，只能隔著鐵欄杆門看一看裡面的情況，並且遙想當年情況。現在已經開放甬道，還有導覽，更有歷史性與觀光意義。

對於二次大戰之前已經出生的民眾來講，「走空襲」、躲防空洞是共同的記憶。在臺灣許多地方，至今仍留有許多防空洞。

防空洞在臺灣，最早出現於日治時期，當時稱為防空壕。臺灣總督府於西元一九四一年（昭和十六年）七月十三日發布〈簡易防空壕建築規則〉。這個發布的時間點，很值得分析。

因為盟軍空襲當時由日本統治的臺灣，是從西元一九四三年開始。美國陸軍第十四航空隊在十一月二十五日首次轟炸了新竹飛行場。

從時間點來看，臺灣總督府重視防空壕，似乎是未雨綢繆，比盟軍來襲提早了兩年就開始推動。然而，美國捲入對日戰爭，起因是日本在西元一九四一年十二月八日偷襲珍珠港。同樣在這一天，日軍戰機也從臺灣的臺南、岡山等地的機場出發，攻擊位於菲律賓的美軍基地。

早在美國盟軍空襲臺灣之前，蘇俄紅軍派來支援中華民國抗日的空軍志願隊，就在西元一九三八年二月二十三日空襲過臺灣，這也是臺灣史上第一次遭受空襲。臺灣總督府在這之後三年半，才發布了〈簡易防空壕建築規則〉，而且這個發布的時間，剛剛好稍微早於日軍偷襲珍珠港等美軍基地的時間。想想看，臺灣總督府在西元一九四一年（昭和十六年）七月十三日發布〈簡易防空壕建築規則〉，不到五個月之後，日軍偷襲珍珠港。這之間有什麼關聯，不免令人感到好奇。難道是總督府已經知道日軍將要偷襲珍珠港，為了提早因應美軍的反擊，所以下令興建防空壕嗎？

儘管總督府積極推動防空壕，但是仍有嚴重傷亡，尤其一九四五年的五三一「台北大空襲」，總督府的防空壕居因為入口遭炸毀塌陷而悶死了近七百人，造成一大悲劇。

戰爭的悲劇當然不會是單方面的。臺灣有空襲悲劇，對岸又怎能避免？日軍在西元一九四一年六月五日空襲重慶，大隧道防空洞因為結構受損而缺氧，導致集體窒息與死亡，造成嚴重慘案，甚至有死亡數萬人的說法。重慶空襲慘案的實際死亡人數到底有多少，目前仍有不同說法，但是最起碼有上千人。

有防空洞都會發生悲劇，沒有躲入防空洞的傷亡更加慘重。

日治時期，建物很少有地下室，所以總督府才下令要挖防空壕。如今許多都市建築物都有地下室，可作為防空洞使用。儘管政府相關部門已經造冊公告，但是除了自住大樓有地下室，或是住家旁邊就有學校等有地下空間的辦公大樓，相信許多民眾仍不知道遇到緊急狀況要去哪找防空洞。萬一真有空襲，這時才上網搜尋，恐怕緩不濟急。有不少防空避難所，是屬於私有產權，平時外人不得進入，只有防空演習、戰爭時，國防部下令之後，才能開放讓所有民眾都進入避難。沒有演習，就難以真正體驗。地下室作為防空洞，有沒有通風不良的問題，也應該注意，以免悲劇重新上演。當然，最好是不要遇到戰爭而真的要用上防空洞。

東印度最美麗的森林　林口居然位於臺北？

臺北市最美麗的森林是林口？但有沒有搞錯？林口怎麼會位於臺北市？

提起新北市的林口區，很少人不知道，因為這幾年林口快速發展，西元二〇二四年的人口總數已經突破十三．三萬人，家戶數超過了五．五萬戶。

林口的歷史悠久，清朝乾隆五年（西元一七四〇年），林口地區已經出現了漢人的聚落「大灣莊」，接著又出現更多的聚落，其中一個聚落的地名舊稱是「樹林口」。到了日治時期在大正九年（西元一九二〇年）正式取名新莊郡林口庄，隸屬於臺北州新莊郡。從此以後，林口的名稱就定了下來。

至於臺北市，確實也有林口，大概的範圍是現在的中正區、大安區南部與文山區的交接處。

林口舊地名「樹林口」，當然是因為以前有一大片樹林，在清朝的時候曾經是伐木區，當地是進入樹林的地方，所以叫林口。臺北市的林口，原本也是一大片森林的入口，現在已經正名為尼德蘭的荷蘭人，早在西元一六五〇年代到北臺灣探查森林資源時，就曾經造訪這裡，還誇讚這個臺北市的林口是「東印度最美麗的森林」。不過當時荷蘭人認為在這裡開採不符成本而放棄採伐。

後來是漢人來到這裡開墾以及伐木，開墾的最早紀錄是在十八世紀中葉，當時的契約把這裡稱為「內埔」；西元一七四五年的契約提到「軍工寮」，當時軍工伐木主要是開採樟木造船，可見這裡也有大量的樟木。

經過一、兩百年，這片森林早已消失，不過相關的老地名還留下一些，例如林口指的是捷運公館站附近這一帶，林尾則是成功國宅的北側，可見過去森林的範圍有多大。

新北市的林口以前有大灣莊，巧合的是臺北的林口旁邊以前也有大灣，是一片大湖，大概是現在的敦化南路從忠孝東路到和平東路口那一大片，都是以前的大湖。

曾被民眾以五十二萬票選為「臺灣象徵鳥」的藍鵲（第二名是帝雉），日前被譽為「最美頭飾」，這是因為藍鵲在繁殖季節，會攻擊靠近巢穴的所有生物，在陽明山攻擊文化大學學生的頭頂時被拍到的照片，乍看之下宛如美麗頭飾。

儘管臺灣藍鵲最近常被看見，不過依然是《野生動物保育法》所指定的保育類野生動物，也就是法律所稱的「族群量雖未達稀有程度，但其生存已面臨危機之野生動物」，所以民眾如果反擊藍鵲就會觸法，最高五年以下有期徒刑，還得併科一百萬元以下的罰金。

臺灣藍鵲的發現者，一般都說是被稱為臺灣鳥類學始祖的 Robert Swinhoe，中文譯名包括斯文豪、史溫侯、郇和。但是事實上，漢人或原住民比斯文豪最少早一百年就已經發現了，只是沒有在西方的期刊發表而已。

斯文豪是英國的外交人員，曾經擔任英國最早派駐臺灣的副領事及領事，所以臺南、淡水、高雄的英國領事館開設，都經過他的手。

斯文豪來臺灣五次，但是時間加起來只有四年，儘管如此，因為他而命名或採集發表的物種超過了上千種。

斯文豪在西元一八六二年把他在臺灣採集的大批標本都交給古爾德命名並且發表學術文章，其中包含他在淡水時僱用獵人從山區找到的臺灣藍鵲。

斯文豪記載，臺灣的獵人稱這種鳥為「Tung-bay Swanniun」，這其實是「長尾三娘」的泉州腔閩南語發音。這個名詞，早在乾隆十八年（西元一七五三年）編寫而成的《臺海見聞錄》就已經提及。

《臺海見聞錄》是來臺擔任彰化縣儒學教諭的福建崇安人董天工所編寫，他在書中特別提到了八種臺灣鳥類，其中之一就是「長尾三娘，即練雀也。朱喙，翠翼，褐脊，彩耀相間，尾長盈尺，生於諸、彰深山。六巡方有詩：『翠羽光華綬帶長，如雲委地美人妝。命名當日非無意，謂勝黃家第四娘』。」

書中說長尾三娘「生於諸、彰深山」，也就是嘉義、彰化的深山。不過根據推論，斯文豪當時找到的藍鵲，應該是在陽明山捕捉到的。

書中還說長尾三娘很美，比「黃家四娘」還美，這個典故來自詩聖杜甫。杜甫四十九歲時居住在成都草堂，曾經寫下一首詩提到鄰居：「黃四娘家花滿蹊，千朵萬朵壓枝低。留連戲蝶時時舞，自在嬌鶯恰恰啼。」杜甫沒有提到黃四娘美不美，但是他特別寫進詩裡，不免讓人產生翩翩聯想。

由此可知，早在斯文豪之前將近一百年，董天工早就書寫過藍鵲這種鳥，漢人或是原住民一定在此之前就知道這種鳥，只是沒有跟現代鳥類學術接軌，所以不被西方人知道而已。

土地公信仰在臺灣非常普遍，諺語甚至說：「田頭田尾土地公」，可見土地公到處可見。

有農民在田裡祭拜土地公，祈求五穀豐收；有生意人把土地公當財神祭拜；許多墳墓也立碑祭拜后土，認為這也是土地公。這些眾所紛紜的民間說法都正確嗎？

土地公原本是農耕民族對於土地的崇拜，希望土地有靈，可以庇佑豐收。農民祭拜土地，當然是以自身耕種的範圍為主。

除此之外，周朝就有分封制度，分封諸侯，也分封諸神，包括土地公。《禮記》針對祭法指出：「王為群姓立社曰大社，王自為立社曰王社，諸侯為百姓立社曰國社，諸侯自為立社曰侯社，大夫以下成群立社曰置社。」

漢朝的《孝經諱》：「社，土地之主也，土地闊不可盡敬，故封土為社以報功也。」

「社」這個字，左邊的部首「示」，是祭壇的象形文字；右邊的「土」當然就是「土地」，意思就是土地的祭拜。社就是社神，周朝的社神不只一位，依照社的大小而各有不同，功能與地位都像是現在的土地公。

由此可見，土地公不只一位，而且轄區有大有小。從周朝一直到漢朝，都還有比社神更小的土地公，掌管的地方只有一家一宅的土地，也稱為土公或是土神。

農耕民族相信「有土斯有財」，這也是為什麼可以把土地公當成財神。

臺灣把土地公當成財神來拜的廟宇很多，還可以跟土地公借發財金，最有名的包括位於新北市中和區烘爐地的「南山福德宮」，歷史最早可以追溯到清朝乾隆四年（西元一七三九年），到西元二〇二四年已有兩百八十五年的歷史；位於南投縣竹山鎮的「竹山紫南宮」，歷史也可以追溯到乾隆十年（西元一七四五年），到西元二〇二四年也有兩百七十九年的歷史。

至於后土，漢朝以前的后土都只是五行神兼社神，神格不太高。

《尚書》記載周武王要討伐商紂王之前，先「告于皇天后土」，也就是預先祭告天地。《周禮》、《禮記》也提及每當國有大事，包括出征、封賞等，除了祭告皇天，也會祭告后土。后土接在皇天後面，好像很重要，但是似乎一直沒有固定的儀式，不像祭天那麼隆重。

后土原本是金木水火土五行之中的土神，也兼社神。但是這位社神是大地之神，只有一位，可以說是轄區最大的土地公。

《左傳》記載：「共工氏有子曰句龍，為后土。」傳說中句龍因為治水土有功，而擔任「土正」一職，也就是主管所有土地事務，後世把他當成后土之神來祭拜。

到了漢朝，漢武帝開始以皇帝之尊，正式而且固定祭拜后土。元鼎四年（西元前一一三年），漢武帝在汾陰（現在的山西省萬隆縣）設立了后土祠，親自祭拜，從此之後許多皇帝除了祭天，也固定祭地，這才大大提高了后土的地位。

至於墳墓會為后土立碑，可能是受到唐朝的道教經典《太上洞玄靈寶轉神度命經》影響。該經提到「土地真官，安穩亡魂」，這很可能是後世常在墳墓安置后土的起源。

綜合前述可知，土地公有非常多位，轄區有大有小，其中轄區最大的是后土。

道教另外還有經典把女媧當成地皇，另外也有地母信仰，這兩者不相同，而且跟前述的土地公、后土的意思都不太一樣。

臺灣第一城在哪？臺南、鳳山、彰化或臺北？

臺灣第一城在哪？對於臺灣史有興趣的朋友可能會發現，答案居然有好多種，包括臺南、鳳山、彰化與臺北。到底哪一個才是正確答案？這就要看題目是怎麼問的，如果題目不精確，答案可能以上皆是。

清朝在康熙二十二年（西元一六八三年）打敗明鄭東寧王朝，從鄭克塽手中接管臺灣時，因為擔心臺人可能據城反抗，對臺灣採取的是「不准築城」的政策，這裡的城，指的是磚石城。所以各地官員如果要抵禦盜匪，只能在衙門外環廣種莿竹當成防禦，無城之名卻有城之實。

康熙六十年（西元一七二一年）爆發朱一貴反清事件，攻下臺南府，清朝官員紛紛逃亡澎湖。署理鳳山知縣劉光泗在康熙六十一年（西元一七二二年）建造了臺灣第一座土城，以便抵抗朱一貴。土城雖然不是磚石城，畢竟比莿竹更像城池，所以鳳山土城被稱為臺灣第一城。

經歷了林爽文事件後，朝廷覺得不准臺灣築城不是辦法，在乾隆五十二年（西元一七八七年）許可臺灣五個府縣使用磚石造城。五個府縣是臺灣府、嘉義縣、鳳山縣、彰化縣以及淡水廳。但是短短一年後又限縮只准臺灣府與嘉義縣改建為磚石城，鳳山縣、彰化縣和淡水廳被排除。

可能是考慮政策多變，臺灣府與嘉義縣也沒有立刻用磚石建城，反而是彰化後來居上。

彰化縣在雍正元年（西元一七二三年）設縣，雍正十二年（西元一七三四年）廣種莿竹當防禦措施。到了嘉慶十六年（西元一八一一年）開始興建磚石城，道光四年（西元一八二四年）完成，成為臺灣第一座磚石城。

緊接著，臺灣首座土城鳳山城也在道光六年（西元一八二六年）改建完成，成為臺灣第二座磚石城。

臺灣府在雍正元年（西元一七二三年）曾以木柵築城，乾隆元年（西元一七三六年）把七座城門改為石製城門；乾隆五十三年（西元一七八八年）改建土城。

嘉義早在康熙四時三年（西元一七〇四年）就建木柵城；雍正元年（西元一七二三年）改建土城；到了道光十三年（西元一八三三年）時，才改建磚石城。

嚴格說起來，清朝的磚石不是真正的石塊，而是用粘土煅燒的土磚，常用紅土燒成紅土磚。這種土磚在漢朝就已經很常見。

臺灣第一座石城，是光緒八年（西元一八八二年）開工，光緒十年（西元一八八四年）完工的臺北城。這也是為什麼有人認為臺北城才是臺灣第一城，以石城而論，確實沒錯。可惜的是，日治時期臺灣總督府把臺北城拆除，只留下承恩門等城門，當時的城牆石材被運往他處使用，目前還可以在臺北監獄遺跡與遼寧公園等一些地方零星看見。

包括總統府、監察院等日治時期的許多重要建築，都充滿「古典」的美感，讓喜愛建築的民眾欣賞讚嘆。

不過，有一件事可能會顛覆很多人的認知，那就是日治時期的臺灣建築，其實比起同時期日本的本土建築還要多元而精彩！

日本的一級建築士渡邊義孝在西元二〇一一年來到臺灣，他這次來臺是接受「日式住宅研究會」的邀情，要分享日本活化老屋的經驗。渡邊義孝來到臺灣實際走訪之後竟發現，臺灣在日治時期的建築，和日本當地的建築有很多差異，更為精彩多元，因為臺灣在日治時期的建築，包括了純和式、和洋混合等許多不同的形式以及變化。

和洋混合，就是結合日本跟西方的建築風格；就算是純和式的建築，其實也沒那麼純，包括在屋頂設計與材料的選擇上，比起日本的和式建築都有非常多的變化。

深入分析，日治時期臺灣的建築風格也有過不同的面貌，成功大學建築系的名譽教授傳朝卿先前在〈日治時期臺灣建築之歷史意義〉一文就分成四個時期。

四個時期的主要差別，跟整體的時空環境背景有關：一是西元一八九五～一九〇八年的因襲期，因為臺灣還有許多反抗運動，總督府無心去管理建築，來臺灣的專業建築師也不多，很多建築都只是因襲本來的風格，就算有一些建築學習西方的建築風格，例如西方歷史式樣，但是都跟真正的原型有不小的差距。

二是西元一九〇八～一九二三年的型制期，總督府在全臺陸續興建包括總督府（現在作為總統府）以及台北州廳（現在作為監察院）在內的新式建築，這時已經有很多受過訓練的專業建築師來到臺灣大展身手。

三是西元一九二三～一九四〇年的轉型期，因為日本在西元一九二三年發生了芮氏規模高達七．九級、造成嚴重災情的「關東大地震」，臺灣也更加認真思考要加強建築結構與材料的安全性。

四是西元一九三七～一九四五年的軍國期，因為感受到戰爭時期的壓力，連建築風格的外觀造型、甚至顏色都受到了不少影響，簡單實用的現代主義建築風格在臺灣的這個時期出現更多，顏色也變成介於米色跟土色之間的顏色，也就是所謂的國防色，以免因為顏色鮮艷而成為戰爭時被攻擊的焦點。

回顧來看，清廷因為中日甲午戰爭失敗而把臺灣割讓給日本，這時正逢日本的帝國時期，這個時期從西元一八六八年的明治維新開始，到西元一九四五年日本在第二次世界大戰宣告無條件投降，由於日本積極推動西化，出現許多西式風格的建築。臺灣在西元一八九五年開始受日本統治，在建築風格等各方面，必然都受到影響。

臺灣總督府在平定全臺之後，為了彰顯權威與氣派，在規劃重要的政府建築時特別講究，加上這時有許多受過西方建築教育的專業建築師紛紛來到臺灣，從此之後的許多重要建築，都跟當時西方的流行建築風格有一定程度的接軌，當然也有自己因地制宜的創新。

很多人常說日治時期這段時間臺灣的重要建築是巴洛克風格，這是個大誤會，當時西方流行的是歷史式樣，也就是結合許多古典的建築風格，當然也包括巴洛克，但是絕不只是巴洛克而已。

西方的建築風格，歷經了希臘式、羅馬式、哥德式、文藝復興式、巴洛克式、新古典主義式、歷史主義式、現代折衷主義式、以及現代主義式等不同時期的發展。

在日治時期的臺灣重要建築，幾乎什麼風格都可以混搭，所以統稱為歷史主義式，也有人用西方歷史式樣來稱呼。總督官邸（現在的臺北賓館）比較有巴洛克風格，總督府是維多利亞時期安妮女王風格的辰野金吾變貌，而臺灣大學舊的總圖書館（現在的校史館）則是仿羅馬建築風格。

到了西元一九三〇年代，一方面是受到在西方盛行多年的現代主義建築風格的影響，另外一方面也是因為戰爭氛圍越來越濃厚，所以臺灣的建築風格就比較不像先前西方歷史式樣那麼華麗而多變，而是走向簡單線條以及樸實外觀，例如前身是公會堂的中山堂，還有中山女高的逸仙樓。

臺灣在日治時期的建築風格比日本內地更多樣、更精彩，有一個原因是在日本內地推行各種新事物，難免會遇到保守勢力等不同意見的牽制，還有來自國會的直接影響，但是在臺灣等殖民地，總督府的決策權就大很多，加上受過新式建築的年輕日本建築師，陸續來到臺灣一展長才，所以更有發揮空間，可以大膽實驗所學，因此也有學者把臺灣在日治時期的建築風格稱為殖民風格。

臺灣大學建築與城鄉研究所教授夏鑄九曾經批評日治時期的校園建築是「折衷主義式西方建築」，他認為「這就是殖民大學的校園」；他也指出臺灣的建築設計教育相當缺乏創造力，經常只是模仿國外，看起來好像走向了現代，但是卻沒有自己的主體性。

平心而論，臺灣在日治時期的建築風格雖然主要是參考及模仿西方的歷史式樣，但是結合了當時建築師的設計，也根據臺灣的氣候與材料而增添不少巧思，留下了許多值得紀念的歷史建築，難怪連當代的日本建築師看到了都覺得新奇。

臺灣雖然沒有出過真正的太子，但是卻有不少「太子樓」。

說起太子，臺灣民間盛傳嘉慶君曾經遊臺灣。但是一來那只是民間傳說，不是史實；二來就算是在傳說裡面，當年來臺的嘉慶還是年輕人，依然不具太子的身分，因為他直到乾隆六十年（西元一七九四年）才被立為皇太子，當時已經三十五歲。日治時期裕仁皇太子在大正十二年（西元一九二三年）確實來過臺灣。老蔣總統在位時，蔣經國也曾經被人家私下稱為太子，但是畢竟有實無名。臺灣的太子樓，跟他們當然都沒有關係。

臺灣的太子樓，一般最常指的是日治時期的菸樓。日本統治臺灣的初期就引進了菸草試種，在西元一九三〇年代開始大規模種植，在各地廣建菸寮。菸寮也稱為菸樓，是參照當時的大阪式菸樓而建造。菸樓建築的一大特徵，就是有雙層屋頂，甚至三層屋頂，在屋頂上方還有突出的太子樓式氣窗。

所謂的太子樓，就是在屋頂的斜面增加了透氣窗，幫助排出上升的熱空氣，讓菸葉

更快乾燥。這種透氣窗在日文不是太子樓，而是稱為「越屋根」（こしやね）。

為什麼臺灣的菸樓會被稱為太子樓？其實在菸樓之前，臺灣的傳統建築就有太子樓的稱呼，通常指建築樓群中最高的那幢樓，或是主建築的第二層建築。太子樓名稱的由來，難以考證，有可能是把主建築看成是建築群裡面帝王，所以在主建築上面的那層比較高但又比較小的建築，就形同太子了。

日治時期種菸的利潤很高，但是過程非常辛苦。採回菸葉，要用針線把菸葉串在竹篙上，送入有火爐的菸樓烘烤，還要一整晚盯著菸葉，確保品質。

臺灣菸葉種植的巔峰，大約在西元一九六九年，全臺灣的種菸面積將近一．二萬公頃。西元一九八七年開放洋菸進口，迅速衝擊市場，加上西元二〇〇二年臺灣加入WTO，現在只剩幾百公頃的零星種植。

臺灣的菸草產業沒落之後，各地的菸樓陸續荒廢，有的已經被拆除，改建為其他建築。有不少文史人士就積極爭取，希望把還沒拆除的菸樓當成歷史建築、甚至是古蹟，以便永久保存。

目前全臺灣菸樓最密集的地方是花蓮鳳林，當地還設置了菸樓圖書館。高雄美濃的菸樓，最巔峰時期曾經有一千八百一十四棟菸樓，現在已經減少很多，但仍然是當地的一大特色。全臺各地還有不少地方有菸樓，臺中的水湳菸樓是林姓家族在昭和十九年（西元一九四四年）興建，西元二〇一四年登錄為歷史建築。彰化也有不少菸樓，包括上豐村的菸樓。

龍山寺千人打罵軟禁劉銘傳的真相

清朝臺灣第一任巡撫劉銘傳，在中法戰爭時帶領臺灣打退法軍的英雄。據說在過程中，他曾經在艋舺龍山寺慘遭民眾打罵軟禁？這是怎麼一回事？是假訊息嗎？儘管是百年疑案，但至今仍有不少人在傳，當然值得一探究竟。

無風不起浪、事出必有因。劉銘傳被打的傳言，可不是空穴來風，而是出自於英國大茶商陶德（**John Dodd**）的記載。

根據陶德在西元一八八四年十月三日的記載（原文為英文）：「十月一日法軍登陸基隆成功佔領港口，劉銘傳下令撤退前往大稻埕和淡水。從大稻埕傳來，劉銘傳帶著一千名士兵逃到艋舺，有意挾帶珠寶、金銀、細軟等，被艋舺民眾發現，把他軟禁在廟內。」

陶德提到劉銘傳被軟禁的廟，指的就是艋舺龍山寺。

陶德書中還有這麼一段記載：「劉爵帥退至板加地方，該地人民怒而圍之；捉爵帥髮，由轎中拽出肆毆，且詬之為漢奸，為懦夫。」文中的板加就是艋舺。很多網路文章引述時都以為這段文字是陶德寫的，其實不對。文章出自於陶德日記集結的書籍這點沒錯，但是內容卻不是陶德寫的，而是他事後轉引當時海關稅務司法來格（E. Farrago）在十月三日寫下，要提交給上級的報告。

有兩位當年在臺的洋人分別指稱劉銘傳畏戰想逃，甚至還被艋舺的民眾打罵軟禁，看起來好像真有其事。許多後來的文章都援引陶德的說法，流傳很廣。但是，法來格與陶德又是怎麼知道的呢？是現場看到的嗎？還是聽說的？

事實上，法來格與陶德當時都在淡水，距離艋舺大約二十公里，說遠不遠，說近不近。法來格自己在報告中也坦白承認：「近日傳聞少不相符合。」可見他的消息來源是傳聞，而且自己承認有些與實情不符。

按照兩位洋人的說法，堂堂巡撫銜督辦臺灣軍務的劉銘傳，帶著千名士兵到艋舺，卻遭到打罵軟禁，那當時聚集的民眾會有多少人？士兵加上民眾，最少有兩、三千人吧！問題來了，現場這麼多人、發生這麼大的事情，為什麼在地的官員、仕紳與黎民百姓反而都沒有留下任何記載或是傳說？

劉銘傳被打罵軟禁的傳聞從何而來？很可能是出自當時湘軍、淮軍的政爭，加上對於抗法戰略的看法不同。

劉銘傳是淮軍將領，空降當了臺灣巡撫，上面有湘軍領袖，是軍機大臣、欽差督辦閩海軍務左宗棠；底下的臺灣道臺劉璈則是左宗棠的湘軍老部屬，而且在劉銘傳來之前已經當了三年的臺灣最高官員。劉銘傳空降，劉璈很難服氣，二劉之間水火不容，朝野皆知。

左宗棠多次上奏摺攻擊劉銘傳，劉銘傳也上奏摺回擊說自己用兵「固非旁觀所能盡知，亦豈隔海所能臆度也」，還說有人「空言大話」、「能不遺笑中外？臣實恥之！」這是暗罵左宗棠。劉銘傳又說：「臣渡臺時，軍務廢弛已極，軍裝器械全不能用，砲臺營壘毫無布置。」這明顯是批評劉璈了。

左宗棠上奏摺抨擊劉銘傳，確實提到了龍山寺。龍山寺在當時到底發生了什麼事？這牽涉中國與西方列強的戰史。

清朝從中英鴉片戰爭之後，屢屢遭到西方列強軍隊的打擊，一敗再敗，喪權辱國。只有在中法戰爭時，在臺灣與越南先後打敗法軍。其中，領導臺灣打敗法軍的是劉銘傳，他也因此成為抗法戰爭的英雄，後來在臺灣建省時擔任首任巡撫。

正史記載的劉銘傳是打敗法軍的大英雄，但是卻有人指稱，劉銘傳在法軍攻臺時，一度畏戰想逃，結果在艋舺龍山寺被千名群眾打罵軟禁！

說這話的人是英國蘇格蘭籍商人陶德，西元一八六〇年抵達臺灣，後來把烏龍茶賣到美國，掀起國際風潮。

西元一八八四年到西元一八八五年，法國軍艦圍堵北臺灣長達六個月，所有貿易被迫中斷。這段時間陶德勤寫日記，還兼職當起了香港英文報紙《Daily News》的通訊記者，記錄法軍封鎖淡水（當時名為滬尾）的見聞。

《Daily News》的俗稱是《孖剌西報》，這奇特的名字是當時香港人對該報主編Murrow的譯稱，孖剌用廣東話的發音是「嗎辣」。

陶德的英文通訊報導，後來集結出版，中文翻譯的書名是《北臺封鎖記：茶商陶德筆下的清法戰爭》。書中對於劉銘傳在艋舺被打罵一事，也引述了擔任海關稅務司的法來格的報告，指責劉銘傳從基隆退到臺北，帶了千名士兵以及金銀珠寶細軟想逃，結果被民眾包圍打罵，還被軟禁在龍山寺。

很多相信這段記載的人，都引述陶德的書，卻不知道有些文字是引述法來格的報告，也不知道兩位洋人對這件事不是親見而是聽聞，更不知道法來格的報告寫了劉銘傳遭到民眾打罵後，還有很重要的一段：「爵帥惟曰：『好！好！爾輩欲我戰乎？我今即回基隆去。但爾輩誰為願隨我去者』？言甫畢，計挺身前立願隨爵帥去者約有千五百人。爵帥即以火槍、銀錢分給此眾，帥之而行。聞沿途添收樂從人民，已計有七千之多。」

按照法來格的說法，當天龍山寺前聚集包圍劉銘傳的人潮中，光是願意去反攻基隆的就有一千五百人，劉銘傳就給他們火槍跟銀錢，然後出發，一路上還有人陸續加入，總共有七千人。

這段記載看了讓人慷慨激昂，但是臺灣抗法之役卻沒有這支民兵部隊的記載。在基隆抵抗法軍的民兵，最有名的是霧峰林家的林朝棟，他率領五百名士勇到第一線協助清軍，在大雨之中血戰多日，終於守住了陣腳，沒有讓法軍攻進臺北。

陶德書中引述法來格提到的七千人哪裡去了？比對一下，看看劉銘傳怎麼說。

劉銘傳說，他的軍隊在水返腳（汐止），臺北只有幾十名親兵。臺北府書識陳華動員了艋舺一千五百人，想索討高出行情三倍的餉銀。他沒見這些人，只讓陳華把人帶去水返腳。後來因這些人不能作戰，裁撤到只剩三百人，調派到觀音山。

前述說法的出處，是劉銘傳寫的奏摺：「臺北府書識陳華聲稱，願招土勇一千五百人，自備鎗械，包取基隆，每月每勇需銀洋十二元。」

這裡也提到一千五百人。但因為當時「淮楚營制，每營祇月餉四兩二錢」，所以劉銘傳不同意。

結果「該勇俱知臺北府無兵，祇親兵數十名，即聚眾吶喊鼓譟。臣派弁往看，陳華所募，皆城外艋舺市井之徒，器械毫無。當傳陳華來見，諭以兵餉不能加增；如果能克基隆，立給賞號銀二萬；先發十日口糧，令其帶赴水轉腳，聽候曹志忠調遣。飭曹志忠見其勇多滋擾，器械毫無，……先行挾以兵威，裁去五百名，復調三百名赴觀音山，歸柳泰和裁併，其餘隨即一併裁撤，費餉一萬餘兩。」

按照劉銘傳的說法，這一千五百名「市井之徒」聚眾鬧事，但根本沒見到他，領了十日口糧就被領派到汐止，後來因為沒有紀律、不能作戰，只留下三百名改派觀音山，其他陸續裁撤，前後耗去口糧一萬多兩。

劉銘傳在奏摺上直接點名直屬上司左宗棠：「此即左宗棠疏中所稱各將領以及土著之人願告奮勇攻基隆者，係九月初旬事也。」

陶德與法來格記載的都是傳聞，而且很可能是跟劉銘傳淮軍系統嚴重不合的湘軍系統放出來的消息，因為湘軍領袖、欽差督辦軍務左宗棠也上了奏摺，先轉述同為湘軍的臺灣道劉璈意見，後來又上奏了一次。當然，只提地方人士願意作戰，對於劉銘傳被打罵軟禁這種事情，左宗棠與劉璈都沒有多提。試問，如果真的有淮軍劉銘傳畏戰想逃而慘遭民眾打罵軟禁的事，湘軍首腦會輕輕放過嗎？尤其是跟劉銘傳幾乎是勢同水火的政敵劉璈，怎麼可能會不把握機會好好運用？

兩相對照，人數、火槍、銀兩、事發經過，出入都不小。孰是孰非，讀者或可自行判斷。

龍山寺有皇帝匾額？沒落款之謎

過年期間，許多人都有到廟裡祈福的習慣，其中，位於艋舺的龍山寺是非常受歡迎的宗教聖地，西元二〇二四年，臺北市長蔣萬安小年夜就來拜年，新當選總統的賴清德大年初一也來發福袋。

過年到重要廟宇走春，不只可以祈福，內行人還可以欣賞古蹟。艋舺龍山寺最早興建於清朝乾隆三年（西元一七三八年），由泉州三邑大商人黃典謨發起，據說當時風水師張察元找到的風水寶地是「美人穴」，所以在廟前鑿水池以符應「美人照鏡」。泉州人的重要據點本來是新莊，並且以新莊慈祐宮為信仰中心；後來因為河道淤積而從新莊逐漸轉移到艋舺，龍山寺建成之後，就成為泉州人在北臺灣的信仰中心以及根據地，龍山寺的影響力還延伸到林口一帶，跟竹林山觀音寺也有許多互動。由此可知，龍山寺的歷史地位相當特別。

有些人到寺廟單純就是祭拜祈禱，卻忽略了龍山寺這種深具歷史底蘊的寺廟本身也是值得欣賞的藝術與歷史。參觀古蹟廟宇有幾項重點，包括神像、建築及匾額等特色。以匾額來說，艋舺龍山寺是臺灣寺廟裡少數擁有清朝皇帝賜匾的宗教重鎮，這塊皇帝賜匾，就是黑底金字、寫著「慈暉遠蔭」的匾額，是光緒皇帝所頒賜，表揚光緒十年（西元一八八四年），龍山寺在中法戰爭中出錢出力協助清兵擊退法軍。

令人好奇的是，相較於其他的匾額都有上、下款，清楚記載對象、贈匾者與時間，「慈暉遠蔭」匾額卻沒有上、下款，因此有人不免好奇這塊匾是不是真的由皇帝所賜。

其實正是因為相較於一般人要落款，皇帝不是一般人，清朝官方認為御筆親自題字賜匾是大事一件，應該人人皆知，所以不需要落款，連日期也不必提，這也是為什麼清朝皇帝御賜匾額，上面看不到年代及受贈匾額者等常見訊息。

清朝皇帝的御筆匾額，在正中央上方有御印，刻有六個字，前兩個字是皇帝的年號，後四個字為御筆之寶，所以光緒皇帝所賜的匾額，就蓋有「光緒御筆之寶」的御印。

可惜的是，現在龍山寺懸掛的光緒皇帝「慈暉遠蔭」匾額只是後來依據照片重製的仿製品，原件已經在戰爭中遭到炸毀。

花旦名將張李成　被遺忘的戰爭英雄

提起被臺灣先民稱為「西仔反」的中法戰爭，很多人只知道當年是劉銘傳領軍戰勝，有的人還會提起霧峰林家的林朝棟曾經帶領臺勇北上，協助清軍守住了基隆。至於另一位來自木柵的名將張李成，雖然也曾經帶領臺勇協助清軍打贏滬尾（淡水）之役，卻很少人記得他。

相較於林朝棟有許多傳記與相關研究、甚至還被拍成電影，同時期的張李成則是漸漸被遺忘，不只生卒年難以查證，連他的家鄉是哪裡，也傳出不同說法。《臺北市志》認為張李成是來自臺北的木柵人，率領臺勇對抗法軍，不過也有記載說他當年率領的臺勇是來自三角湧，也就是現在的新北市三峽區。

根據清朝的官方檔案，張李成的本名為張阿火。他曾經是戲班的花旦，因為不想被法國來的西洋人統治，所以不只自己響應抗法，還號召了一批臺勇一起前往，在滬尾之役因為英勇而一戰成名，是戲班出身的戰爭英雄。

晚清遺老徐珂編撰的雜誌型刊物《清稗類鈔》（在西元一九一六年至西元一九二八年陸續出版），有一篇文章是〈張李成與法人戰於臺北〉，文中特別提到張李成「散髮赤身，嚼檳榔，紅沫出其吻」，這樣的形象非常鮮明，而且「超臺」，讓人想起最近幾年火紅的角頭電影。不過因為《清稗類鈔》的內容有不少是來自道聽塗說，張李成的真實形象是否如此，還要再研究才能確認。

張李成當年紅遍臺灣，還成為一些藝文創作的主角，不過後來就慢慢淡出眾人的記憶，如今連生卒年與家鄉都有待考證。直到西元二〇二三年才有陳志豪助理教授發表的研究論文《清法戰爭與北臺灣武裝集團的動員》，重新找出一些文獻資料，初步研究認為張李成應該是木柵張家的族人，當年號召的臺勇可能跟集應廟的雙忠信仰有非常密切的關係。

根據初步的研究考證，張李成生於道光二十二年（西元一八四二年），卒於光緒二十年（西元一八九四年）。他當年他帶領的臺勇，應該頗多都與家族及雙忠信仰系統有關。更完整的生平事蹟，有待後續研究及挖掘。

木柵張家有兩段歷史很值得分享：木柵張家來自於福建泉州的安溪，據說當地的高、張、林三姓，從唐朝黃巢之亂之後，就從中原南下到安溪定居，一千多年來互相合作、聯姻，形成緊密的親族。明朝嘉靖末年倭寇作亂，安溪縣治被毀；崇禎十五年（西元一六四二年）安溪發生匪亂，歷經一年左右才平定。到了清朝，鄭成功與鄭經父子為了要反清復明而「反攻大陸」，幾度搶奪泉州的安溪等地，戰亂不止；除此之外，在乾隆之前，地方上還有猛虎為患。

家鄉不寧，所以高、張、林三姓從康熙年間開始，紛紛相約來北臺灣開墾。張姓家族以啟字輩以及光字輩為主，共有八支。到了乾隆八年（西元一七四三年）張家初勘木柵（當時還無此地名），發現地廣人稀，於是號召原鄉鄉親同來；為了抵禦來自原住民的衝突，特別豎立木柵，這是地名的由來。

另一段值得分享的歷史是集應廟。高、張、林三姓的墾民，在咸豐三年（西元一八五三年）因為不想被「頂下郊拚」這場大械鬥波及，決定避走，他們都是保儀大夫與保儀尊王的信徒，逃難時各自帶走祭拜的三聖物，後來高姓家族建立景美集應廟，張姓家族建立木柵集應廟，林姓家族建立萬隆集應廟。

在政治大學旁的小巷內，有一間古色古香、維護良好的三合院，匾額寫著「延慶堂」。許多政大學生都曾經看過這間三合院，卻未必知道「延慶堂」見證了漢人來到木柵的三百年開墾史。

延慶堂是「鄭氏家廟」，也稱為「鄭守義公嘗」。延慶二字，意思是延續福祚。公嘗，現代人未必知道意思，這是宗祠或是祭祀公業的典雅別稱，用字淵源有幾千年。夏、商、周三代的天子對其祖先有四時之祭，在春、夏、秋、冬四季分別舉行礿、禘、嘗、烝四種祭禮，後來民間祭祖也使用嘗這個字。鄭守義公嘗，顧名思義，是鄭家公有的祭祖宗祠。鄭家來自泉州府安溪縣積德鄉崇信里碧水社，始祖鄭威公住在光州固始縣，後遷至福建泉州，第八世鄭守義的後人來臺開墾，成為文山地區鄭氏的共同祖先。

雖然第八世的鄭守義是當地鄭姓共同祖先，但是鄭守義本人沒有來過臺灣，而且是隔了三代的第十一世鄭可杉，才在雍正末年、乾隆初年時攜帶四位兒子來文山地區（現在的政大附近）開墾，後來鄭可杉與一子鄭必覺回到泉州，另外三子鄭必堪、鄭必臣、鄭必時則留下繼續墾拓。

延慶堂最早的興建年代已經很難查證，比較晚近的三次翻建，一次大約是在光緒十四年（西元一八八八年）翻新祖祠，到了日治時期的昭和十三年（西元一九三八年），又重新修建，民國八十九年（西元二〇〇〇年）再次整建，維持至今。

文山區的在地居民，大多數是泉州安溪人。根據大正十五年（西元一九二六年）文山郡的人口調查資料，當時五萬兩千五百名居民，八成都是安溪人。

木柵的名稱，反映了漢人來臺開墾時遭遇原住民的衝突，根據《臺北縣志》的記載：「乾隆八年，泉州人張白目、張啟解、張啟察等開闢，當時地近山胞，時遭侵襲，於四圍樹柵為禦，故名。」

木柵的鄭姓居民，半數都屬於延慶堂的鄭家。日治時期的木柵地區的首富也都是延慶堂鄭家的傳人，鄭火盛（一八七四～一九四二年）被認為是日治時代木柵地區的第一富豪，他傳承家業務農，也學習醫術，靠著積極投資，土地遍及大臺北地區與宜蘭各地，人稱鄭仔角盛；他的三弟鄭河南（一八九〇～一九七七），也是重要的地方領袖，理財有方，後來也被稱為木柵地區的第一富豪。

在木柵動物園與國立政治大學之間，有個很奇特的老地名叫「十一命」，會取一個這麼怵目驚心的地名，是因為真的發生命案，而且奪走十一條人命。

臺北市文獻委員會在西元一九八一年出版的《臺北市志》特別記載：乾隆十年乙丑（公元一七四五年），泉州人鄭守義、張文旭等十一人開闢土地，悉遭「番」害而亡。該地遂名「十一命」，位今木柵區內。

《臺北市志》的記載，認真探究起來，藏了兩大懸案：第一，如果十一人都悉遭「番」害而亡，那麼是誰把這件事流傳下來？第二，前述記載中提到的鄭守義，在木柵的開墾史上也有一位同名同姓的傳奇人物，兩位鄭守義會是同一個人嗎？如果是，那問題就更大了。

參考西元一九六〇年出版的《臺北縣志》記載，可以得到很不一樣的發現，因為更早的記載提到：「鄭守義等開墾十一命，鄭士吟等開闢灰窯坑、鄭楚興等開墾大竹林，鄭楚粒等開墾番子公館，……，鄭守義為其共同始祖，並未來臺。」

《臺北縣志》這篇記載解答了一個問題，卻留下了更奇妙的問題。看起來前面《臺北市志》提到的鄭守義，就是木柵鄭家的共同始祖鄭守義。但是怎麼會說鄭守義開墾十一命，又說鄭守義「並未來臺」？

根據木柵鄭家後人鄭天賜收藏的光緒十四年（西元一八八八年）古契約，從內容可以知道，鄭家開墾時是以「鄭守義公嘗」作為簽約名稱。公嘗，是同一家族的祭祀公業，經常也是這個家族親人合股的機構。木柵鄭家使用「鄭守義公嘗」作為家廟，也使用這個名義對外簽約，所以衍生外界的誤會。

人名、祭祀公業、墾號同名，這個情況造成很多臺灣史研究的誤會，例如最早挖圳開墾擺接（板橋）等地的林成祖，也有這種同名導致後世歷史研究者誤會的情況，在林成祖本人過世多年之後，後人繼續以林成祖墾號的名義簽約，有些史家一時不察，以為林成祖那時還在世。根據鄭家的族譜等記載，第八世的鄭守義沒來過臺灣，是第十一世鄭可杉，在雍正末年、乾隆初年攜帶四位兒子來到文山地區，在如今的政大附近開墾，後來鄭可杉與一子鄭必覺回到泉州，另外三子鄭必堪、鄭必臣、鄭必時則是留在木柵繼續開墾。將近三百年來鄭家開枝散葉，後裔繁茂，而作為鄭氏家廟的鄭守義公嘗，至今仍高懸「延慶堂」的牌匾，座落於政治大學旁的巷弄內。

從鄭家的族譜等資料的時間可以推算得知，乾隆十年發生「十一命」慘案時，木柵鄭家應該是第十二世在持家，他們使用「鄭守義公嘗」的名義對外簽約，所以有人就誤以為簽約的人就是鄭守義本人。如果一代為二十年，推算可知，木柵鄭家的祖先鄭守義應該是順治末年、康熙初年的人，不可能在乾隆十年在木柵遇害。

比較合理的推論，應該是木柵鄭家以「鄭守義公嘗」開墾，在乾隆十年有十一位族人或是佃戶遭到原住民殺害。光是從木柵鄭家後來子孫繁茂就可知道，這十一位遭到殺害的先民，當然不會是全部的開墾者，只是遭到不幸的幾位，所以才會有人幫他們立廟祭祀，也因此讓這一段先民開墾時的原漢衝突血淚史，流傳至今。

十一命這個怵目驚心的地名，後來逐漸被淡忘。從古契約可知，這裡的地名在清朝光緒年間已有「新興庄」之稱，到了日治時期沿用，民國時期定名為「萬興里」。有人以為日治時期把十一命改名為新興，應該是誤會了：一來，新興之名在光緒十四年（西元一八八八年）已有；二來，十一命的地名，本來就只是俗稱，不是正式地名。

祭祀十一位先民的十一公廟，如今隱身在新光路一段一五九巷與秀明路二段七巷八弄交會處的民宅後，西元二〇二二年實際走訪發現，連住在一旁的居民都不太清楚這裡有一間歷史悠久的小廟。

十一公廟維持相當良好，走訪至此，還能看到「顯靈感應公」的牌位，以及三尊農民造型的塑像。至於塑像為什麼只有三尊而不是十一尊？那又是另外一個待解之謎了。

神秘醉夢溪　奪走政大兩條人命

聽過木柵有一條醉夢溪嗎？這條名稱聽起來很夢幻的小溪，連很多當地人都可能沒聽過，但是卻曾經奪走政治大學兩條人命。

所謂的醉夢溪，其實不是正式名稱，指的就是木柵的大坑溪與小坑溪匯流之後的那條溪，又叫指南溪或是無名溪，合流之處就在政治大學旁指南路與政大一街的交叉路口，然後穿越政治大學的校園，最後才注入景美溪。

西元一九七〇年，第二十六屆的政治大學新聞系學生把這條在校內蜿蜒而過的溪水取名為醉夢溪，據說是為了紀念學子們在政大「醉」心築「夢」，從此醉夢溪三字就在政大學生之中逐漸流傳開來。不過也有政大校友認為，醉夢兩字比較會想到醉生夢死。

醉夢溪聽起來雖然浪漫，早年卻是政大人的惡夢來源，因為上游的貓空等山頭陸續開發之後，原本山地的水土保持功能遭到破壞，每逢大雨就有大水沖刷而下，沿著醉夢溪沖進校園，流向景美溪，但是當年的景美溪還沒有經過整治，在那個時期很容易積水上漲，結果上游的水下來了，下游的水卻排不出去，最後就是聚集在政治大學造成嚴重淹水。從政大設校之初，一直到西元一九九〇年代，校園淹水都是政大師生心中的共同記憶與噩夢。最慘的是西元一九八一年七月的「莫瑞」颱風，木柵大淹水，政大更有兩名學生溺斃。悲劇發生之後，政大師生痛批政府始終漠視政大淹水問題，促使臺北市政府一方面把醉夢溪截彎取直，不再蜿蜒於校園之中，而且又建成了護水堤岸；另一方面，景美溪也陸續整治完成，從此溪水暢通。從此以後，政大才擺脫動輒淹水的命運。至今在校園的西側門內，還留有用來記錄洪水高度的水位標尺（水尺）。

醉夢溪上游之一的小坑溪，經過臺北市政府採用「近生態工法」整治之後，有效恢復了山林原有的水土保持功能，不再每逢大雨就帶來大量洪水；西元二〇一二年又規劃成為小坑溪文學步道，如今已經變成了當地的知名景點。西元二〇二四年實際走訪，景色幽美，有如進入詩畫中的境界，令人心曠神怡。

古色古香的國立臺灣大學校史館，前身是臺大的總圖書館，至今還常被臺大校友稱為舊總圖。

儘管舊總圖的保存還算良好，而且以其歷史建築的特色而作為校史館，也算相當適合，不過臺大似乎一直冤枉了舊總圖的建築風格。臺大作為最高學府，校內專家眾多，實在不該發生這種狀況。

在臺大總圖書館的網頁介紹資料，寫著以下的這些資訊：「臺大圖書館創立於一九二八年三月，因不敷使用，遂於一九八九年開始興建新館，一九九八年十一月十四日正式落成啟用。新總圖書館座落於椰林大道端點，地處臺大校總區地理位置的幾何中心，承襲了舊館以山牆、拱窗與迴廊為主要建築特色的巴洛克式風格」。

前述文字有兩處有待商榷：第一，「臺大圖書館創立於一九二八年三月，因不敷使用」，語意有問題，因為臺北帝國大學雖然成立於西元一九二八年三月，但是卻要直到隔年的昭和四年（西元一九二九年）才蓋好「圖書館事務室」，而且目前校史館所在的後棟建築，要到昭和七年（西元一九三二年）才蓋好。圖書館不會不敷使用，只有建築物才會不敷使用，前述文字提到的一九二八年這個年代，應該是舊總圖成立的時間，而不是建築物不敷使用的時間。不過這只是語意有點模糊，不算什麼太大的問題。

更大的問題在於：舊總圖真的是巴洛克式風格嗎？任何對於建築風格有研究的人，應該一看就會發現不太對。相較於臺大總圖的網頁介紹，校史館的網頁介紹就比較保守，只描述基本的事實，而沒有涉及建築風格的認定：「現今的校史館過去是舊總圖書館，建築特色與文學院等周邊臺北帝大時期建築一致，外觀運用拱窗、拱門、山牆及土黃色的十三溝面磚，除了建築立面大拱窗，其二樓設計採光良好的大窗戶，昔日作為閱覽室使用，現則化身為極具文藝氣息的博物館」。

舊總圖是巴洛克風格嗎？巴洛克建築風格的最主要特色，就是絢爛華麗，甚至標新立異，超越建築、雕刻以及繪畫等藝術形式的界限，典範之一是法國的羅浮宮。臺大舊總圖的建築會讓人聯想到炫麗輝煌的羅浮宮嗎？恐怕不太會吧。成大建築系名譽教授傅朝卿曾經指出，臺灣在日治時期根本沒有真正的巴洛克建築，最多是西洋歷史式樣，也就是模仿或是拼湊西洋的古典建築風格。

有一些日治時期的建築或許有比較多的巴洛克風格，但最多只能稱為仿巴洛克風格，例如以前的總督官邸、現在的臺北賓館，這就可能會有一點點羅浮宮的味道。至於臺大舊總圖，怎麼看也不像是羅浮宮，怎麼會是巴洛克風格？

臺大城鄉研究所的退休教授夏鑄九在西元二〇〇二年就曾經指出：「對日本現代建築早期階段的折衷主義式西方建築影響，可以在臺北帝大的校舍中一一發現驚人的相似處，這就是殖民大學的校園。」夏鑄九教授使用「折衷主義式西方建築」一詞，來形容包括舊總圖在內的臺大早期建築，應該是很貼切的說法。這個概念的範圍，比起西洋歷史式樣更廣泛。

臺大舊總圖、現在校史館的建築風格，比起超級不像的巴洛克風格，更接近於簡化版的羅馬建築風格，或許可以稱為仿羅馬風格。

輯四

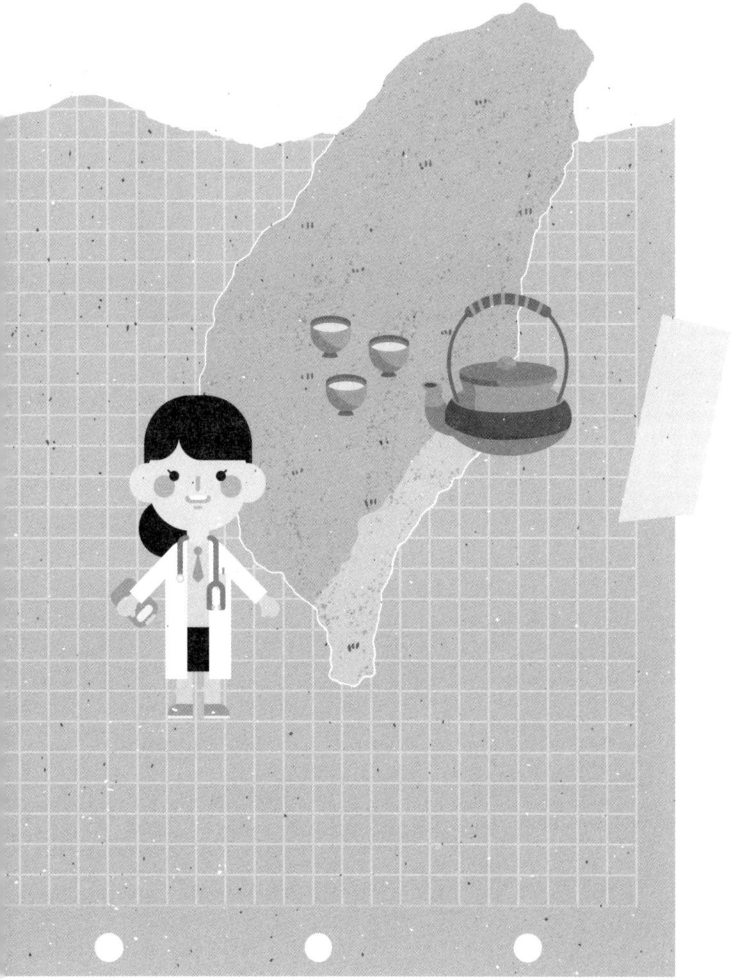

臺大舊法學院古蹟建築荒廢十年

臺北市中正區的臺大舊法學院，位於黃金地段，佔地達到四・七五公頃，大約一萬五千坪、四萬七千五百平方公尺，居然荒廢了十年。

臺大法學院為臺灣培育出許多優秀的法政人才，包括前後三任總統陳水扁、馬英九和蔡英文，都曾經在這裡就讀。

臺大師生在西元二〇一四年遷回校本部之後，這塊校地就荒廢至西元二〇二四年，除了偶而借給《一把青》等戲劇拍攝之外，幾乎無人使用。

臺大舊法學院多為日治時期的百年建築，早在西元一九九八年臺北市政府就已經將入口大門、行政大樓、大禮堂、主要教室指定為市定古蹟。

不過臺北市政府在西元二〇一七年發現，臺大師生回到校本部上課才三年之後，這塊校地就因為沒人使用而疏於管理維護，導致古蹟與周邊環境迅速惡化，不只屋頂漏水、牆壁龜裂、還散發出濃濃的霉味。臺大緊急展開搶修，光是這筆經費就編列了三千三百萬元，並且在西元二〇一八年開始進行修復工程。

臺北市政府在西元二〇一八年擴大指定臺大法學院的市定古蹟範圍，新增法學院圖書館大樓、門口的木造警衛室等都列入市定古蹟。臺大進一步評估才確認，這塊校地如果要進行全區的古蹟整修，大約需要的經費高達上億，初估為九千九百萬元。

雖然是黃金地段、環境優雅，但是因為距離校本部有一段距離，而且建築物老舊，臺大多次詢問校內各單位的進駐意願，都乏人問津。

這塊校地到底要怎麼使用？臺大先前一度打算商業化，外包管理，部分非古蹟建築則改為旅館及餐廳，讓民眾在古蹟裡喝咖啡，不過這項提議引起師生的強烈反對。有校友希望可以成立法學院博物館，在這裡呈現臺大與臺灣民主發展的歷程，但是後來未獲採納。

位於黃金地段的臺大舊法學院一轉眼就荒廢了十年，不只造成巨大的閒置與浪費，原有的古蹟建築，如果沒有好好維護，恐怕更會造成難以彌補的損失。校地遭到荒廢的歲月，一直延續到西元二〇二四年五月，臺大引入政府國發基金新成立的獨特學制「國際政經學院」在此揭幕。

臺大舊法學院建築被誤認多年

國立臺灣大學舊法學院，因為主要建築都是超過百年的古典建築，早在西元一九九八年就被臺北市政府指定為市定古蹟。不過，這些古典建築的風格以及特色，卻被誤會多年，到現在很多官方網頁還繼續寫錯。

位於徐州路的臺大舊法學院，原為日治時期在西元一九一七年成立的「臺灣總督府商業學校」，剛開始只招收日本學生；西元一九二二年開始招收本島生。日本戰敗撤離臺灣後，中華民國政府接收並改名「臺灣省立法商學院」，後併入臺大成為法學院。臺大師生在西元二〇一四年遷回校本部之後，這塊校地荒廢十年，引起許多關心。

臺大舊法學院雖然被指定為古蹟，但是建築特色或風格在過去幾十年以來卻一直被寫錯。文化部的《臺灣大百科全書》在西元二〇〇九年針對「建築特色」有如下記載：「臺大法學院，原址為日據時期臺北高等商業學校之校舍，後併入臺北帝國大學，成為法學院。它主要的行政大樓、大禮堂及二層樓教室等建築完成於民國八年（西元一九一九年），是精緻古典的巴洛克建築風格。建築風格與汐止周家花園相似。為精緻之西洋古典式樣建築，有希臘柱式與半圓拱，屋頂則鋪有日本黑瓦，形成強烈而特殊的日洋混合風格，在二〇年代末期算是臺灣最具代表性建築」。

文化部的《臺灣大百科全書》，前面說臺大法學院是巴洛克風格，後面卻說是西洋古典式樣建築，顯然前後用語不一致。

把臺大舊法學院的建築風格說成「巴洛克」，由來已久。臺大法學院的許多校友，也都因為在校時就口耳相傳，而認為自己當年就是在巴洛克風格的前棟教室裡面唸書。

事實上，包括臺大法學院在內，臺灣人至今還經常把日治時期大正年間的許多建築，都誤以為是巴洛克風格，這真是天大的誤會。

大正時期的建築特色，是在法國巴洛克晚期風格的基礎上，結合英國維多利亞時期知名建築師理查・諾曼・蕭（Richard Norman Shaw）的愛用紅磚，再增加色彩的對比性，這種風格被稱為「歷史式樣」（Classical Housing Style），從原文來看，其實就是古典式樣，實際的作品經常混雜許多風格。在臺灣最出名的設計師之一是日本建築師辰野金吾，所以也有人把這種風格稱為辰野式樣。

臺北市文化局對這些建築的介紹用語是使用「古典式樣」，這才是比較正確的說法。臺北市文化局的資料指出：「臺灣總督府臺北高等商業學校創立於一九一九年（大正八年），主要行政大樓、大禮堂及二層樓教室均完成於一九一九年，皆為精緻之西洋古典式樣建築，有希臘柱式與半圓拱，但屋頂鋪日本黑瓦。平面呈四合院形態，中央留設天井。天井及校園內林木茂盛，花草水池互相輝映，構成了寧靜而典雅的學習空間。在室內空間方面，大禮堂的跨距大，講壇與座椅多為原物，殊為可貴。其校門使用臺北所產砂岩砌成，上置銅製燈具，形制古樸，門內廣場仍有水池及花園亦值得珍惜。」

臺大法學院的古董建築絕對值得珍惜，不過基本的前提應該要先認清楚真正的建築風格是歷史式樣，而不是巴洛克，才不會認錯特色又表錯情。

中山女高全名為臺北市立中山女子高級中學，培養出許多優秀人才，包括前總統蔡英文。校內有一棟非常重要的日治時期古蹟建築，其建築師居然被張冠李戴多年。為什麼會這樣，真是一個謎。

中山女高是臺灣最早成立的女子中學，西元一八九八年創立於士林，後改稱為國語學校第三附屬學校；西元一九一一年遷到艋舺的內江街；西元一九二二年改稱臺北第三高等女學校；西元一九三七年遷到現址；戰後的西元一九四五年改稱臺北第二女子中學，簡稱北二女；西元一九六七年改稱目前使用的中山女高。

中山女高因為在西元一九三七年遷到現址，校內到現在還保有當時興建的重要建築，而且已經被列入古蹟。在校門口就可看到的逸仙樓，是當年的上課教室，西元一九三七年完工；在西元一九九七年被公告為市定古蹟。

逸仙樓是現代主義建築風格的初期作品，告別先前流行的西洋歷史式樣建築風格（過去常被誤稱為巴洛克建築風格），所以很有代表意義。

根據內政部台閩地區古蹟資訊網的介紹資訊：第三高女的校舍建於現代設計運動興起的三〇年代，因此採用鋼筋混凝土構造，造型新穎，門窗比例簡潔而優美，外觀兼具垂直與水平線條之組合，反映出那個時代的建築精神，教室走廊附有置物櫃，地板施工精良，公認為精良的女子中學校舍。

懸疑的是，過去的文獻都說逸仙樓的建築設計師是大倉三郎，到現在還有許多文章這麼寫，連維基百科在西元二〇二四年都還說設計者是大倉三郎。

問題是，大倉三郎（Okura Saburou）西元一九三九年才來臺灣，在他來臺前兩年已經完成的中山女高校舍，似乎不太可能是他的設計作品。

大倉三郎畢業於京都帝國大學建築學科第一期，在西元一九四〇到一九四五年擔任總督府營繕課長，留下不少經典建築。在他之前擔任總督府營繕課長的是傳奇的井手薰，多次擔任總督府營繕課長，前後任期長達十七年。在井手薰擔任營繕課長期間設計及完工的中山女高校舍，主要是受到井手薰的影響才對。

有研究者考證，中山女高早期校舍的實際執行者可能是當時在營繕課任職的技手篠原武男、成田勝貞和纐纈泰市三人，各有任務，篠原武男負責敷地測量以及校舍設計與新築；成田勝貞負責敷地測量、整地以及校舍本館、講堂設計與現場監督；纐纈負責舊校舍蟻害調查。

照樣看起來，逸仙樓的設計者應該是井手薰帶領的篠原武男與成田勝貞兩人。

這幾年已經陸續有研究者指出，大倉三郎應該不是逸仙樓的設計師。令人好奇的是，現在覺得不難查證的建築設計者身分，怎麼會出現這麼大的錯誤？光是看完工時間以及總督府營繕課長的任職時間，就可以知道答案，為什麼以前會一直被張冠李戴？很可能是早先可以查看的相關文獻比較少，又沒有網路可以分享資料，所以一開始有人寫錯了，其他人就一直被誤導到現在。實際情況如何，恐怕真是一個謎了。

幾乎已被消滅的中和老街

新北市有新莊老街、三峽老街，但是，中和為什麼沒有老街？難道是歷史不夠久嗎？其實中和的歷史非常久，當然有老街。可惜的是，實際走訪發現中和老街已經幾乎被消滅了。

深入了解歷史就會知道，漢人來臺開墾，居民稍微多了才會有庄，居住更密集才會有街。中和舊稱枋寮，是擺接十三庄裡面最早有街的聚落，時間還在枋橋（板橋）之前。枋橋是因為林本源家族在道光年間從大溪遷來，才後來居上，超越枋寮。

中和最老的老街是枋寮街，其次是廟美街，這兩條街都是清朝就有的真正老街，而且曾經風光一時。

枋寮街和廟美街現在可以銜接，但是在清朝時，卻是被廟子尾溝（中和溝）分隔兩岸，當時的人要往來這兩條街，還要跨越窄小的廟美橋。

現在的中和溝已經退縮到一旁，但是枋寮街和廟美街已經完全看不出昔日的繁華了，連有特色的老建築都幾乎被都市更新消滅殆盡。

枋寮街可以成庄成街，要歸功於北臺灣的開墾先驅林秀俊。乾隆九年（西元一七四四年），林秀俊以「林成祖」之名開墾，範圍包括了今天的內湖、板橋、中和與安坑等地。清朝同治十年（西元一八七一年）出版的《淡水廳志》記載了林成祖墾號當年開鑿的永豐陂圳，「其水鑿石孔穿尖山，自暗坑口接引青潭大溪水流，至南勢角枋寮莊，灌溉田一百九十餘甲。」

枋寮街在日治時期還相當繁華，大正年間的市區改正，讓這裡也出現了像新莊老街、三峽老街一樣的「牌樓立面」，這種牌樓立面先前被誤認為是巴洛克建築風格，但是正確的建築風格應該是西洋歷史式樣，或是辰野金吾式樣才對。

根據耆老口述，日治時期枋寮街經常人潮擁擠。如今的枋寮街已經完全看不見有歷史特色的建築了，只剩下翻新之後的高樓大廈。有些高樓大廈在設計時還在低樓層刻意做出仿造西洋歷史式樣的外觀，或許這是建商推動都更時的懷舊與善意，但是看了讓人不免感慨舊日風華的消失不再。

領先《茶金》 升級林口茶業的林進富

翻開日治時期的林口庄地圖，可以發現上面用顯眼的紅色，圈了一個大大的「茶」字。

原來日治時期，臺灣總督府殖產局把林口當成茶業的研究發展中心，昭和五年（西元一九三〇）年，在新莊郡林口庄菁埔公學校（現為世大運選手村）成立「總督府茶業傳習所」，培訓茶業專業經營者與技術人才。原來的菁埔公學校，則遷到林口國小的現址。

「茶業」傳習所常常被誤寫成「茶葉」傳習所，其實「茶業」包含的範圍更廣泛，牽涉到整個產業的經營與發展。

當年位於林口的茶業傳習所，承擔了提升茶產業競爭力的重責大任，每年招募茶農子弟及從事茶葉製作的人員受訓，提供住宿與津貼，結業後還派到各地傳授技術。

曾經擔任全國製茶公會理事長的茶農陳振芳，已經是家中第四代的製茶人。陳振芳接受訪問時指出，他父親陳鸚祥在昭和年間考取製茶修業證明，日治時期要有這張寶貴的證書，才能從事製茶工作；茶葉傳習所的證書，大概相當於現在的研究所碩士程度。

林口種茶的歷史，早在清朝的嘉慶道光年間就已經開始，因為林口屬於臺地地形，紅土壤與礫石層的排水性非常好；加上春初冬末常有霧氣瀰漫，夏季的氣候也適中，一直是種茶的理想地點。但是林口因為地理位置與以前的交通都不夠方便，先前在發展上比較不被重視。

林口為什麼在日治時期一度成為茶業的研究發展中心？新北市愛鄉協會研究指出，日治時期是地方仕紳的爭取，才讓林口一度成為茶業發展中心，尤其要歸功於當時庄長林進富。

林進富是誰？難道一名庄長竟有這麼大的影響力嗎？在日治時期要出任庄長當然不容易，但是每個庄都有庄長，林進富除了是庄長，在茶業上更有重要的影響力。林進富的孫子林彭齡曾經受訪介紹他的阿公，為這段傳奇歷史留下了重要的回憶。

林進富出生於清朝同治十年（西元一八七一年），卒於日本戰敗後的民國三十五年（西元一九四六年），享壽七十六歲。林進富是土生土長的林口人，出生地就在林口庄大南灣的嘉溪仔坑（現在的林口區嘉寶里），在日治時期曾經擔任許多重要公職，包括大南灣庄保良局副主理、滬尾辨務署第九區庄長、台北廳第三十八區庄長、台北廳第三十九區庄長、台北廳大南灣區庄長、林口庄長、樹林口信用組合長等。

除了擔任公職之外，林進富在日治時期也是出了名的詩人，因為從小接受私塾教育，奠定漢學根基，不只寫詩，也跟當時詩社的詩人們多有來往。

除了是地方頭人與文化人士，林進富當年還是臺灣茶業的重要風雲人物，他創辦大南灣茶業公司，在大正年間曾經擔任「林口庄製茶大量品評會」的會長；到了昭和四年（西元一九二九年），又催生「林口庄茶業改良會」並且擔任會長。

林口的茶葉原先只是粗放經營，後來受到西元一九二〇年代末期世界經濟大恐慌的影響，許多茶農都已經放棄耕種，讓林口的茶業幾乎難以為繼。林進富大力推動整合，促成茶農轉型，讓林口的茶業得以慢慢回復元氣，重新獲得生存與發展的機會。

當時茶商公會的信函以及會誌《台灣之茶業》，留下了林進富長期積極改良與推銷林口庄茶葉的許多記載，時間從大正年間跨到昭和年間，長達二、三十年。在茶業傳習所設立之前，林進富最大的創舉，就是聯合了大南灣茶業公司、湖子茶業公司等庄內十二家茶業公司，成立「林口庄茶業改良會」，並且結合庄役場（相當於現在的區公所）的力量，大力協助林口茶業的全面革新。

林進富為了林口茶業做的事，包括開辦製茶講習、傳授最新的製茶技術，還公開辦理採茶比賽，當成慶典在辦，成為地方盛事。

在林進富的努力之下，林口的茶業改良非常熱鬧，取得不少成績，也因此廣受關注。可以說，後來總督府成立茶業傳習所的主要任務，相當程度上也參考了林進富的經驗。由此可知，為什麼林進富可以爭取讓總督府把茶業傳習所設在林口。

林進富在茶業綻放的光芒，比起電視劇《茶金》的靈感來源、北埔姜阿新的真實故事，還早了好幾年。林進富在林口為茶業締造出創新的發展時，北埔的姜阿新已經二十多歲，一定親身感受過這段茶業的傳奇。

昭和七年（西元一九三二年），已經六十二歲的林進富辭去庄長一職。林口茶業也進入了另一個階段。

茶業傳習所後來被併入臺灣省政府農林廳的「臺灣省茶業改良場」，改稱為「林口分場」，西元一九八七年又搬遷到石碇，改稱為「文山分場」。雖然林口作為全臺灣茶業研究中心的重責大任沒有能持續下來，卻沒有影響林口得天獨厚的種茶產業，當地的茶農至今仍然經常在各種茶葉大賽中獲獎。

朝棟里　紀念臺灣第一位「總統」

基隆市有「朝棟里」，里名的由來還跟臺灣歷史上第一位「總統」有關，他就是霧峰林家的林朝棟。

霧峰林家的林朝棟怎麼會跟基隆有關係呢？又為什麼要用里名來紀念他？這牽涉到了清朝光緒十年（西元一八八四年）中法戰爭的基隆之役，當年法國海軍猛攻北臺灣，兵分二路，一方面直撲基隆而來，另一方面則進軍滬尾，也就是現在的淡水。

這時淮軍名將劉銘傳以欽差大臣的身分捍衛臺灣，特別號召民間人士響應，其中最出名的就是來自霧峰林家的林朝棟。

這場基隆保衛戰，從光緒十年打到十一年，兩軍激烈血戰，雙方曾經在大雨之中攻防了三天三夜都沒有休息。根據記載，帶領士勇的林朝棟連鞋子都已經不知道掉在哪裡了，還繼續站在第一線指揮士勇，當時清軍與士勇都是全身淋濕、餓了兩、三天仍繼續作戰，終於沒讓法軍越過暖暖地區月眉山的防禦線。

基隆市的朝棟里，大部分土地是當年抗法保臺的營地，西元一九六五年因為人口漸多而從原本的書院里分出來又增設一里，里名就是為了紀念清朝時期守土有功的臺灣之光、抗法名將林朝棟。

林朝棟在光緒年間因為協助抗法保臺及「開山撫番」，職位步步高陞，曾經以二品官銜擔任臺灣軍隊的「總統領」，當時公函常稱林朝棟「總統」，讓他成為臺灣第一位「總統」。當然，這不是中華民國的總統。

有關林朝棟的真實生平，經過霧峰林家後人林光輝等人的努力，中央研究院研究員黃富三教授已經寫出霧峰林家三部曲的第三部《霧峰林家的重振》，全書七百多頁，提供研究林朝棟的最翔實成果。

日本首相的基隆淵源與吳服大神

台積電日本熊本廠在西元二〇二四年二月二十四日開幕，熊本一廠將為「日本半導體帶來復興」，日本首相岸田文雄致詞宣布，補助台積電建造熊本二廠。

岸田文雄首相與臺灣頗有淵源，他的曾祖父曾經來臺，在基隆開設「岸田吳服店」，原建築到目前都維持得很好，是基隆的知名古蹟，如今也再度受到關注。

岸田吳服店的地點就在基隆市信二路跟義二路的交叉路口，西元二〇二一年岸田文雄剛就任時，這棟活古蹟的一樓是經營書店與麵包店，二樓則是義大利餐廳。西元二〇二四年二月再度走訪時，一樓已經變成泰舍餐廳。

岸田吳服店所在的街屋，原是一座二層樓維多利亞式紅磚白飾帶的建築，山牆上有「キ」字，可能是岸田的片假名キシダ首字。山牆兩旁有圓拱窗。由於這棟精緻建築就位於交叉路口，一直被當成地標。如今的古蹟經過一些修改，山牆已不存在，但是大致仍維持原本架構。

岸田文雄首相的曾祖父岸田幾太郎在西元一八九五年跟弟弟多一郎來臺發展。後來哥哥幾太郎在西元一八九九年先回日本，再去大連發展；弟弟多一郎則留在臺灣繼續經營事業，興建了現在的「岸田吳服店」建築。

所謂吳服，最初是指布行，據說是在三國時的東吳將絲綢傳入日本後，在當時只有棉布、麻布的日本大受歡迎，後來布店就稱為吳服店。

日本史書《日本書紀》記載，大約在應神天皇的時期，因為從百濟得知吳國絲織技藝，才遣使請吳國傳授紡織手藝。東吳派出的織女，直到今天還在位於大阪池田的吳服神社被祭祀。

到了江戶時代之後，日本門戶開放，西服漸漸流行，於是在吳服店製作的傳統服裝，則被稱為和服，以區別西服，吳服因此變成和服的同義詞。

《斯卡羅》與《傀儡花》的貢獻

公共電視在西元二〇二一年推出的旗艦大戲《斯卡羅》，是由陳耀昌教授的歷史小說《傀儡花》改編而成。《傀儡花》在西元二〇一六年曾經獲得臺灣文壇重要獎項「臺灣文學金典獎」的長篇小說獎。

陳耀昌教授畢生都從事醫學工作，也積極參與公共事務，當許多同儕等著安享退休之時，他卻以極大的熱情投入了臺灣歷史小說寫作，不僅幫自己開創了閃亮的第二春，也為一向遭到忽略的臺灣歷史填補了豐富的色彩。

《傀儡花》這本臺灣歷史小說，從西元一八六七年發生在墾丁海邊的船難「羅妹號事件」說起，此一事件間接促成了西元一八七四年的「牡丹社事件」，也就是日本為了琉球船民在臺遭遇，指派陸軍中將西鄉從道以「蕃地事務局都督」之銜，領兵攻打臺灣原住民的事件。

「羅妹號事件」間接促成日本從國際戰略布局的思維出兵臺灣，促成清朝重視臺灣並且設省，但是最後還是導致臺灣被割讓。為什麼會這樣？在小說中有完整而精彩的描寫。想認識臺灣歷史，卻對閱讀生硬史料沒有興趣的讀者，一定要閱讀《傀儡花》。

透過認真的歷史考據，再加上不違反歷史框架的人物與情節，讓歷史重新生動起來，這正是偉大歷史小說的貢獻。《傀儡花》不只考證歷史、填補故事，最最難能可貴的是，這本小說不只是以原住民而非漢人的視角為主，也站在當時諸多中外歷史人物的立場，力求還原臺灣這片土地上的真正歷史，這種忠於史實、兼容並蓄、反映多元文化的臺灣史觀，正是臺灣最需要的史觀。「臺灣文學金典獎」把小說獎頒給《傀儡花》，不只加冕了一部極優秀的文學作品，推薦了臺灣人應該要認識的歷史，也為當前陷入內鬥紛擾的臺灣社會，照射出光明的指引。

在《傀儡花》得獎的同時，屏東縣拆除古戰場紀念石碑的新聞也引起關注。日治時期，總督府在這個地方興建了「西鄉都督遺蹟紀念碑」，以彰顯牡丹社事件的「功績」。耆老說，臺灣光復之後，原碑文被民眾鑿壞，後來地方政府改為設立「澄清海宇還我河山」一碑文。屏東縣當時拆除石碑的理由，是想了解原本碑文是否埋在現在碑文之後，沒想到引起爭議。

歷史是過去發生的事，不必也不該抹滅，才能記取教訓。多元呈現臺灣，包容臺灣多元，才是臺灣人應有的史觀及胸懷。

《斯卡羅》美化與醜化的真實歷史人物

第六十屆金馬獎影帝由吳慷仁以電影《富都青年》首度入圍就得獎，也讓大家對他過去扮演的多變角色再度回顧，甚至重溫經典：在《一把青》演個性火爆的飛官，在《戀愛沙塵爆》演個性溫和的男友，最讓觀眾驚訝的是，在《華燈初上》穿上女裝，為了演《斯卡羅》而狂瘦十一公斤。這些戲劇有很多都還能在網路影音平臺上看到，例如在西元二〇二一年播出的《斯卡羅》，到了西元二〇二四年仍然還在 Netflix 播出。

吳慷仁在《斯卡羅》演的社寮頭人「水仔」是虛構的人物，沒有什麼真假的爭議。至於李仙得在歷史上則是真有其人，法裔美國籍的他，因為積極遊說日本出兵佔據臺灣，對臺灣的命運有非常重要的影響。

電視劇播出之後，就有不少歷史學者認為，《斯卡羅》太美化李仙得。相較之下，陳耀昌教授寫的原著《傀儡花》，沒有這麼美化李仙得。

姑且不談人設，真實的李仙得是中等身材，髮量略微稀少、髮色偏黑，《斯卡羅》

的李仙得則是找來比較高壯，而且金髮茂密的演員法比歐演出。

必須指出的是，《斯卡羅》是戲劇，不是紀錄片，美化在歷史中真實存在過的人物，大可不必苛責。不過，如果是醜化在歷史中真實存在的人物，問題就比較大，如果真的是為了劇情需要，建議可以在拍戲的同時或是之後，幫劇中人物的歷史原型澄清一下真實形象。

相較於美化洋人，《斯卡羅》在劇中恐怕是醜化了清朝劉總兵的形象。有趣的是，在真實歷史上曾經客觀描述劉總兵形象的人，恰恰正是李仙得。

劉總兵在《斯卡羅》戲劇中的形象，一開始是一位冷靜思考而且善於謀略的將領，但是到了後來，隨著劇情發展，卻變成衝動、甚至魯莽，不顧兵力嚴重受創，還要衝動出兵，連放火都會忽略風向的莽夫。而且戲劇中這位總兵率領的清軍部隊，拿的武器是冷兵器，例如大刀跟盾牌，而不是槍彈，讓人感覺非常落後。

戲劇中劉總兵的真實歷史原形，應該就是劉明燈。劉明燈是武舉人出身，隸屬左宗棠湘軍的楚勇部，頗有軍功，也擅長書法。根據李仙得當年寫下的記載，清朝臺灣總兵名義上可以管理的軍隊與民兵大概有三萬兩千人，但是因為臺灣道臺往往不批准總兵申請的工資等經費，劉明燈實際可以指揮的士兵，只有他從河南自費請來的三千名。

李仙得還說劉明燈帶領的這些士兵在紀律、裝備與整潔等各方面都很良好，他特別指出士兵操作槍枝的技巧相當高明，可見劉總兵率領的部隊不是只會拿大刀的落後士兵。李仙得觀察的記錄寫著：在劉明燈到任臺灣短短兩年之後，地方治安良好、盜匪都解散了。李仙得甚至說，劉明燈去職之後，換了繼任者，先前的動亂又再度盛行。

李仙得跟劉明燈處於對立的位置，完全沒有必要幫劉明燈講好話，沒有講他壞話就已經很有風度了。從李仙得的記載可以得知，真實的劉明燈獲得李仙得的真心肯定，絕對不是劇中描述的那種無能將領。

雖然《斯卡羅》是戲劇不是真實歷史，但是因為戲劇獲得高度關注，影響力龐大，知情的歷史研究者還是應該幫歷史人物的原型澄清說明一下，還原當事人應該有的歷史面貌。

「今天追劇了嗎？」追劇已經成為許多現代人的生活重心。一部好的戲劇，不只能夠陪伴觀眾度過美好的時光，鬆弛生活的緊張心情，甚至還能夠左右觀眾的想法、進而影響社會輿論，甚至改變整個國家的文化。

對岸早年的影視劇《雍正王朝》就成功幫助清代皇帝雍正重新塑造出勤政愛民的形象；而後來走紅臺灣的另一部影視劇《軍師同盟》，則重新呈現了三國時期司馬懿的故事，推翻了以往大家以正面看待諸葛亮、負面看待司馬懿的刻板印象，帶領出一股新的風潮。

日本的大河劇，一向以來都有重要影響，引發廣泛的關注。日本的大河劇有幾個主要的特點，一是描繪出時代的精神。坦白說，這種精神未必符合當時的歷史事實，但是卻有助於提升整個民族國家的氣質。舉例來講，日本大河劇所顯現的坂本龍馬，深深激勵了日本公民，但是這畢竟是大河劇而不是紀錄片，所以劇中的精彩故事未必是真實歷史，例如一般認為是他提出的「船中八策」奠定了日本邁向現代化國家的方向，但是也有歷史學者提出不同看法，認為這未必符合真實的歷史情況。

日本大河劇還有一個特點，就是不會用過於簡化的善惡對立，來劃分人物的對與錯，而是力求站在每個不同立場的劇中人物的處境，所以主要的人物都有值得歌頌與令人佩服之處，足以振奮人心。

臺灣的公共電視要推出臺灣版本的大河劇，另以時代劇為名，當然令人充滿期待。時代劇也是一種歷史劇，有一種說法是時代劇主要反映的是那個時代的氛圍，重點不是呈現真實歷史。

公共電視籌劃要改編陳耀昌教授的經典歷史小說《傀儡花》，推出重量級的時代劇。這本深入描寫原住民與漢人、甚至還有洋人關係的歷史小說，力圖符合史實，而且盡可能站在不同族群的多元立場來看待那一段臺灣歷史。從這個角度來看，這已經呼應了日本大河劇的精神了，很有高度。

公視以《傀儡花》這部經典小說進行改編，也不是沒有危險。因為日本大河劇多半是選擇知名的歷史人物為主題，再搭配重量級的演員陣容，所以播出的收視率動輒都有一〇％以上。相較來看，《傀儡花》的小說故事固然很感人，可是先前畢竟還有很多臺灣民眾不夠熟悉「羅妹號」船難的故事，還好透過事前的宣傳與行銷，而且找來名導演曹瑞原並邀請重量級的演員擔綱演出，引起許多討論，也締造了不錯的收視率。

公共電視願意嘗試推出臺灣的時代劇，當然值得肯定。臺灣歷史非常顛沛與多元，遠遠勝過日本等地，不論是從荷蘭人手中搶回臺灣的鄭成功，或是在日治時期前後，勇於對抗異族統治的姜紹祖、莫納．魯道、蔣渭水、賴和等人，諸多出色的歷史人物都很合適作為臺灣時代大劇的主角。

前述幾位臺灣知名歷史人物的故事，固然都已經有一些影視相關作品了，如果可以，或許用更加提高臺灣視野、振奮觀眾襟懷胸襟的大河劇精神，重新加以刻畫顯現，一定可以為臺灣注入一道有如生命之泉般的活水，相信這一定是所有臺灣人都熱烈歡迎的時代大劇。

《賽德克．巴萊》的歷史虛實

公共電視在西元二〇二一年推出曹瑞原導演的旗艦電視劇《斯卡羅》，讓各界更加關心臺灣原住民的歷史與史觀。回顧往昔，西元二〇一一年的史詩電影《賽德克．巴萊》，也發揮了許多貢獻。

魏德聖導演的《海角七號》創下票房奇蹟，奠定地位之後，他的新一部史詩電影作品《賽德克．巴萊》，受到更多關注。從一開始的辛苦籌拍，到經費張羅出現困境，再到拍攝過程出現不少風波，始終都受到新聞媒體的關注。

賽德克．巴萊是賽德克語，賽德克是人的意思，而巴萊則是真正的意思，合起來的意思就是「真正的人」。

隨著電影上映，各項宣傳工作陸續登場，包括七月底有戲服的巡迴展出，然後上集《太陽旗》在九月九日上映、下集《彩虹橋》在九月三十日上映，十月則是跨海到香港登場，引起一波波的原住民歷史話題的浪潮。

當年《賽德克．巴萊》引發的原住民史觀浪潮，有助於還原臺灣「原」色，因為一旦觀眾對於這部電影有期待與好感，必然會找尋相關資訊，這就創造了一個有利於原住民發聲的契機。

在過去歷史之中長久遭到壓抑的原住民，因為這次電影契機，獲得許多發聲的機會。連原民電視臺也多有受益，得以更加傳播原住民的觀點。原民臺儘管人力與經費有限，製作品質始終在水準之上；然而，受限於原住民總人口少，族群與語言又頗為多元，收視率始終不能跟主流的商業電視臺相比，這是一個無奈的事實。想要提高原民臺的收視率與影響力，縱然不是「不可能的任務」，也是高難度任務，正因如此，每逢有影視節目帶起原住民議題的浪潮，都有助於原民媒體在各類節目中增加相關議題的內容並且進行觀眾行銷，例如可以探討《賽德克．巴萊》等影視劇到底有多少歷史的真實與想像。

這部電影源自於歷史事件與真實人物，真實歷史原本是以「霧社事件」與「莫那魯道」而知名。昭和五年（西元一九三〇年）的霧社事件，共一千兩百三十六人參與，總共六百四十四人死亡，其中的兩百九十人是自殺。事發當時轟動全臺，也震驚了國際。多年後以電影《賽德克．巴萊》的面貌重現，喚醒現代人反思這段歷史。

眾所皆知，電影與電視劇要有故事張力，不可能都追求歷史真實，否則就變成拍攝紀錄片了。因此電影與電視劇中的若干不符史實之處，只要是為了藝術所需，不僅無損於電影與電視劇的價值，反而增添了觀眾的探索樂趣，就如同有軍事史專家所指出的，片中人物所持的武器，其實是「未來武器」，在事件的當時應該還沒出現。甚至，莫那魯道果真就像電影呈現的英雄形象？還是，真實情況是對鄰近部落常有威脅？越多理性的討論，越能還原歷史的真相。歷史不怕討論，只怕遺忘。

除了歷史，賽德克族在現在的處境更值得關注。賽德克族過去曾經被歸入泰雅族，西元二〇〇八年獲得正名。賽德克族何以先前被歸入泰雅族？與泰雅族在文化與語言上的異同有多大？正名過程的歷程是否艱辛？更重要的是，當年的數據顯示：賽德克族的人口只有六千多人。這樣的人口規模是否不利於族群文化的保存？甚至整個族群都可能在不久的未來「消失」？思之令人心驚。

除此之外，回顧過往，除了賽德克族，其他原住民各族群又曾經有過怎麼樣的可歌可泣的抗日血淚史？甚至是抗漢、乃至於抗閩的歷史？檢視當下，對原住民族的歷史，何以只有魏德聖導演情有獨鍾？這些無疑都是值得關注的原住民話題，也值得原住民媒體繼續探討。

先前閱讀臺灣歷史小說，連帶也翻找了很多臺灣過去一、兩百年的歷史資料，這才赫然發現，自己對臺灣的認識太少。許多人常說臺灣是我們的母親，既然如此，更該多認識臺灣的歷史。

所有的臺灣人，其實都跟臺灣歷史緊密相連。過去幾年一邊看歷史書，一邊探索自己的家族歷史，意外發現祖先的家族史，就是一小頁的臺灣史。

臺灣歷史小說《浪淘沙》，民視曾改編成同名連續劇，讓人印象深刻。作者東方白以十年的認真考證功夫，傾全力寫作，幾乎賠上了自己的健康，甚至因此多次病倒，才終於完成了這本得到許多重要文學獎項的大河小說。出書之後演講時，東方白心滿意足說：「我命定要寫《浪淘沙》。」

一邊看小說，一邊查歷史論文，更讓人驚覺：小說家寫的不全是假，學者所說未必為真。有些學者似是而非，誤導大眾；當然也有小說家會時空錯亂，慘不忍睹。歷史小說要兼顧歷史與文學趣味，那就難上加難了，絕對比寫歷史論文難上數倍。

《浪淘沙》這部小說最有意思的地方，不只是刻畫了臺灣第一位女醫生蔡阿信（文學與戲劇中另外取名為丘雅信）等三個家族的百年故事。最難能可貴的還在於，盡量用還原歷史真相的做法，帶著大家客觀回顧過去一百多年的臺灣歷史。

即使在日治時代的臺灣，日本人也未必都是壞人，有人很認真為臺灣人爭取正義；臺灣人也不見得都是好人，有人踩在自己同胞的屍體上前進。在歷史的命運安排下，太多的愛恨情愁都由不得個人了，《浪淘沙》宛如帶著我們回到歷史現場。

現在很多人爭吵課綱，一些所謂本土派，其實太偏袒日本殖民政府的史觀。那是真正的臺灣人心聲嗎？也許可以去看看《浪淘沙》。愛臺灣，不是把教科書變成特定立場的宣傳工具，而是應該本於臺灣立場，像《浪淘沙》這樣力求客觀、忠實呈現。

有些人談光復前的臺灣歷史，只喜歡回憶日治時代後期，也就是殖民政府完成了血腥鎮壓臺灣抗日運動之後。其實在這之前，臺灣的歷史也不能忘，因為那其實離我們並不太遠。

在研究「臺灣新文學之父」賴和的時候，發現他很關注「戴潮春事件」，這是清朝臺灣三大民變之一，另外兩次民變則是朱一貴事件與林爽文事件。研究這段歷史時很好奇：賴和會去關注清朝戴潮春的民變，是因為他的祖父賴知曾經參與嗎？還是在日治時期，他想藉此宣揚官逼民反的臺灣人勇敢精神？

公視電視劇《茶金》因為演出陣容堅強、4K高畫質呈現出相當考究的視覺設計，引起許多關注，四萬元換一元的真相，更是引起很多討論。製作團隊強調靈感源自於真實歷史事件，原型是北埔望族姜家後裔的姜阿新；當年的通貨膨脹與幣制改革，確實值得還原。

公視在西元二〇二一年推出史詩級的電視劇《斯卡羅》，當時就引起各界對於歷史真實的討論。期待歷史劇完全符合史實，這是不可承受之重。或許因為如此，公視兩部大戲都強調是「時代劇」，而不說是「歷史劇」。時代劇主要是日本NHK大河劇對歷史劇的稱呼，臺灣借用卻有區別歷史劇的用意。

歷史劇的任務是引起大家對真實歷史的關心，畢竟不是紀錄片，只要做到大框架符合歷史即可，約定俗成的可接受尺度是一半歷史、一半虛構。如果觀眾把《茶金》等歷史劇完全當成了歷史，恐怕是無奈的美麗錯誤，也是劇組的不可承受之重。

姜阿新本來姓蔡，被領養成為北埔開墾者姜秀鑾的六代孫。粵籍（廣）的姜秀鑾是臺灣開墾史的重要人物，他與閩籍（福）的周邦正，在道光十四年（西元一八三四年）合組「金廣福墾號」，以武力驅走賽夏族原住民，開墾北埔等三個鄉鎮。這段漢人歷史，當然是原住民的悲歌，就如同原住民詩人莫那能所說，漢人的篳路藍縷，卻是原住民的顛沛流離。

日治時期，姜阿新曾赴日就讀明治大學，回臺後擔任北埔庄長田中利七的助役（秘書），跟日本官員關係良好。當日本積極拓展茶葉外銷時，姜阿新就成為三井農林會社的重要合作對象，加速其事業發展，一度擁有林地五百甲。後來新竹州整合各茶廠，在昭和十六年（西元一九四一年）成立的竹東茶業株式會社，就是由姜阿新擔任社長。

值得一提的是，臺灣茶葉外銷達到巔峰的時候，雖然帶來豐厚收入，從而出現了「茶金」的稱呼，但是根據姜阿新女婿廖運潘出版的回憶錄，當時臺灣茶葉產量只佔全世界產量的一．三％，出口量只佔全世界產量的二．二％而已。

姜阿新的茶業盛世，相當程度仰賴日本的扶持，戰爭結束後的前幾年，因為南洋與印度等地的茶業還未恢復，臺灣茶葉仍然維持一小段時間的繁榮，等到東南亞茶葉開始外銷，臺灣茶葉立刻遇到了有力競爭。更何況，姜阿新很早就認為，當時臺灣的茶菁原料品質，不如印度、錫蘭等地。

前述的世界茶業市場結構是外在的威脅，廖運潘在回憶錄指出，姜阿新的內部問題則在於財務管理與人事管理。首先，財務管理的部分，姜阿新以為國民黨政府絕對無力處理通貨膨脹，所以大膽借貸，也獲得暴利，儘管借款多、利息高（月息高達驚人的一八％），但是因為通貨膨脹，以高利貸款買下兩間房子，後來賣掉一間即可償還，可見他勇於操作財務槓桿。姜阿新沒有想到國民黨政府很快控制了通貨膨脹，龐大的利息負擔因此壓垮了已經陷入了外銷困境的茶葉王國；除此之外，姜阿新用人不察，沒有監督機制，內賊盜賣嚴重，也是後來失敗的重要原因。

通貨膨脹的原因，一來是日本總督府在戰爭後期已經嚴重透支，但靠著配給制度，讓問題暫時不爆發；接收臺灣的國民黨權貴初期表現太糟糕，臺灣省行政長官陳儀對通膨問題沒有完全了解，不但概括接受日本總督府發行的臺灣銀行券，而且對通貨膨脹提不出解決方案。

作家楊渡西元二〇二四年在專欄文章引用已故臺大教授許介鱗的研究指出，臺灣總督府最後一任主計課長鹽見俊二的日記提到，在日本宣佈投降的二十多天後，他搭飛機押送六億元「銀行券」來臺。六億是什麼概念？日本統治臺灣發行的銀行券，總共也不過十四億元。

另一方面，國民黨在國共內戰失利，也帶來巨大衝擊；還好嚴家淦推行幣制改革，發行以黃金為本位的新臺幣，切割原本的臺幣以及來自對岸的影響，並且用當時的真實購買力來決定四萬舊臺幣換一元新臺幣，逐漸控制通貨膨脹的問題。

如果姜阿新當年不只能看出通貨膨脹的嚴重，也能準確看待後來的幣制改革會成功，即使在亂世，他的事業未必會受到這麼大的衝擊，可惜他誤以為通貨膨脹不會很快獲得解決。

《茶金》電視劇的貢獻，在於引起大家對真實歷史的關心，但劇情不能當成事實。對真實歷史有興趣的朋友，建議可以看看歷史學者吳學明編著的《姜阿新與北埔》，最好還能閱讀廖運潘出版的專書與回憶錄。

公共電視推出的《茶金》收視四度稱冠，廣獲好評，引起對當年歷史的討論，這是額外貢獻。

公視以時代生活劇而非歷史劇來定位《茶金》，或許正是不想捲入不必要的紛擾。時代劇是日本對歷史劇的用語，本質上還是歷史劇。不管是時代劇或歷史劇，本來就不會是真實歷史，不宜苛求。有興趣的朋友，不妨多看看真實的歷史記載。

臺灣當年面對的通貨膨脹，有兩大因素：首先是日本戰時在臺灣發行紙鈔已經嚴重信用透支，後期只好靠著配給制硬撐，寧可讓民眾沒有物資，也不能自由買賣，不然早已通貨膨脹；後來又運來六億銀行券，讓通貨膨脹更惡化。其次當然要歸咎於來臺官員的無能，以及國共內戰的波及。

臺灣陷入通貨膨脹的同時，對岸遇到一樣的痛苦。兩邊的差異在於，臺灣承擔了日本龐大的戰爭開銷，大陸則是繼續陷入國共內戰。

拉高到整個中國視角與世界局勢來看，更有助於還原歷史真相。從中國視角來看，可以看到蔣介石丟失大陸江山，在西元一九四八年時已成定局，原因之一是他的用人太有私心，所以不只國共內戰失敗，在大陸的幣制改革也失敗。

用人私心，最主要是廣為流傳的孔宋家族破壞金融秩序，以及選用軍事將領經常排除異己。結構工程專家蔡榮根博士，先前出版《狼煙未燼》一書，從周遭人物還原歷史，描述細膩，引人入史。

孔宋家族的當權，造成了中國幣制改革的失敗。西元一九四八年蔣介石實行幣制改革，推出金圓券，原本的法幣（法定貨幣）三百萬元，只能兌換金圓券一元，比臺灣的四萬元換一元更厲害。即使是蔣介石的兒子蔣經國親自到上海督導經濟並且「打老虎」，想要對抗搗亂金融市場的孔宋家族，結果仍免不了有志難伸而辭職下臺的命運，金圓券的幣制改革也完全失敗。

《狼煙未燼》記載美聯社在西元一九四七年有一篇報導，提到法幣一百元在西元一九三七年可以買兩頭牛，到了西元一九四七年只能買三分之一盒火柴。另有分析指出，對比西元一九三七年，西元一九四八年的中國物價上漲了六百多萬倍！這個數字真是讓人難以想像。當時通貨膨脹之嚴重，絕對是國民黨盡失民心，斷送大陸政權的關鍵之一。

至於蔣介石對軍事將領的排擠異己，《狼煙未燼》書中也寫了一個很鮮明的小故事：

創下臺兒莊大捷的孫連仲上將，因為不是蔣的嫡系將領，來臺卸下軍職之後，晚年跟龐炳勛上將合開餐館以度日。

金融失序、戰場不利，所以西元一九四八年徐蚌會戰的前一個月，蔣介石命令蔣經國等人把國庫黃金運到臺灣，後來又發佈臺灣的重要人事，《狼煙未燼》作者蔡博士認為由此可見蔣介石已經決定放棄大陸江山。

在這樣的時空背景之下，蔣介石與國民黨政府確實努力推動臺灣的幣制改革，西元一九四九年發行的新臺幣，因為有黃金擔保，也就是真的可以拿新臺幣去換黃金，重建人民對紙鈔的信心，並且參考當時的真實購買力，決定以四萬臺幣兌換一元新臺幣。

新臺幣的改革，有助於解決通貨膨脹。拉高到世界局勢來看，美國協助盟國戰後復興，原本不包括臺灣。西元一九五〇年韓戰爆發，美國為了對抗中國大陸，開始大力對臺提供美援，這進一步改善了臺灣的通貨膨脹。

戰後百廢待興，當年歷史還有許多值得研究，未必已有定論。

清朝官方在臺灣建立的「城堡」，剛開始都只是使用刺竹、木材或是泥磚，第一座真正用石頭打造的城堡，是光緒八年（西元一八八二年）開工，光緒十年（西元一八八四年）落成的臺北城。

至於民間蓋城，最有名的是板橋林本源家族興建的板橋城。事實上，林本源家族在遷居板橋之前，是先住在新莊再遷居大溪，而且在大溪就曾經蓋過城，比起板橋城還早了幾十年。

大溪的原名是大姑陷，據傳這是來自於平埔族霄裡社對大漢溪的原本稱呼「大姑陷」（Takoham）的音譯，後來變成地名。至於漢人來到這裡開墾，最早的歷史大約是乾隆五十三年（西元一七八八年），漳州籍的墾戶多人來此，至今已經超過兩百多年，位於老街上的知名宗教廟宇福仁宮，最早的時間可以回溯到嘉慶十八年（西元一八一三年），可見一斑。

漢人漸增之後，不喜歡以「陷」字稱呼自己的居住地，所以根據位於「溪崁」的地勢，改稱「大姑崁」。原先只有若干漢人墾戶在大姑崁居住，真正出現大規模的開發，是在嘉慶二十三年（西元一八一八年），當時臺北盆地的漳泉械鬥相當嚴重，泉州人佔優勢的地盤，是以海邊、港口為主，在艋舺、新莊這一帶的勢力更是非常強盛。後來被看成臺灣大家族首富的板橋林本源家族，這時是林平侯當家，還不叫林本源家族，也還沒有落腳板橋，而是在新莊發展，屬於漳州人的林家，因為對械鬥感到不安，在嘉慶二十三年（西元一八一八年）這一年，從新莊遷徙到以漳州人為主的大姑崁，這才讓大姑崁這個原本的小型農業聚落，變成利用航運而繁榮的商業市街。

當時的大姑崁還有漢人與原住民的衝突，林家為了保護家園，在道光四年（西元一八二四年）在大姑崁蓋了一座「石頭城」。林家的石頭城，長約兩百一十六公尺，寬約一百四十四公尺，城牆高達四·三三公尺（一丈三尺五），總面積三一一〇四平方公尺（三·二甲），位置就在現在的大溪國小附近，比起面積一四〇九七平方公尺的大溪國小，林家石頭城足足有二·二倍。

當年大姑崁「石頭城」後來已經被拆除，還好還能找到珍貴的照片，這些照片可以在徐宗懋圖文館出版的《臺灣歷史珍稀影像一八六〇～一九六〇》裡面看到。

大溪老街是巴洛克建築？誤會大了

提到大溪老街，很多網站資料都說：「日治大正時代流行巴洛克建築風格，和平路、中山路等老街，各商號融合巴洛克式繁飾主義和閩南傳統裝飾圖案，包括希臘山頭、羅馬柱子和中式的魚、蝙蝠等祈求吉慶的圖案混合，形成一種大溪專有的特色。和平老街因為開發較晚，老屋的保存狀況也較好，街上特色商店林立，十分熱鬧。」

大溪老街是巴洛克建築風格？成大建築學系名譽教授傅朝卿表示，以前總統府的文宣也自述是巴洛克建築，被他糾正，才改成「西洋歷史式樣」，或是更具體的「辰野金吾式樣」。

大溪老街是在日治時期的大正元年（西元一九一二年），因為拓寬原有的道路、增設騎樓，所以改造出了「牌樓立面」。這些建築跟前述的總督府、也就是現在的總統府一樣，都算是西洋歷史式樣，或是辰野金吾式樣。

舉例來說，大溪老街知名的建築「蘭室」，關於建築風格的介紹資料就相當正確。

蘭室在網頁的介紹資料提及這棟建築的建造背景：蘭室由清末大溪秀才仕紳呂鷹揚所建，呂氏在地方政治上頗有地位，於現代教育、殖產興業、土地開發及礦產經營等都有成就，曾任三角湧辦務署參事、大嵙崁辦務署參事、大溪街街長、新竹州參事，其子呂鐵州為臺灣知名膠彩畫家。

蘭室的介紹文字也特別提到房屋的建築風格：蘭室建於一九一八年，三開間兩進格局，正身為紅白橫條帶飾的「辰野式風格」搭配洗石子花飾，建築融合有閩南、西洋古典樣式，中庭建有捲棚，木雕精美，表現出屋主對傳統與現代兼具的生活美感。中間牌樓上有「蘭室」二字，並有老鷹雕塑一座，寓意主人之名「鷹揚」，左右兩開間之牌樓則為「呂」字，合起來為主人姓名。

由此可知，大溪老街「牌樓立面」的建築風格絕不是巴洛克，而是模仿建築風格中的「西洋歷史式樣」，或是更具體的「辰野金吾式樣」。

三月三日，是羅福星慷慨就義的日子。他在西元一九一三年因策劃武力反日，遭到日本總督府逮捕，隔年被判刑絞死，這就是「苗栗事件」。整起事件被判死刑的民眾一共有羅福星等二十名，被判處有期徒刑的則有兩百八十五名。

苗栗事件有一件案外案，牽扯了當時的「臺大」校長高木友枝，值得分享。日本總督府為了要追查所有涉嫌參與苗栗事件的臺灣人，同一年派出警力前往「總督府醫學校」（廣義來說，可以算是臺灣大學的前身），想要帶走當時還在學校就讀的知名臺籍學生蔣渭水、翁俊明、杜聰明。

結果，警方人員被校長高木友枝阻擋，根本沒有進入校內，更沒能逮捕學生。有「臺灣新文學之父」稱譽的賴和，那時同樣是在總督府醫學校就讀，他是翁俊明、杜聰明的同學，蔣渭水的學長（蔣渭水年紀大賴和四歲，但是進總督府醫學校卻比賴和晚一年），事後記下了高木校長的前述評語：總督府醫學校有學生參與羅福星等人的失敗起義，高木校長說，那是因為沒有收到自己的完整教育「纔會那樣」。「纔會那樣」到底是什麼意思？是不會起義？還是起義但不會失敗？賴和感受到的是不會失敗的意味。

蔣渭水等人的學弟林糊，也寫下了〈高木校長的卓見〉一文，清楚記下了他親身的見聞：高木友枝校長以「教育獨立」、「校園自治」為理由，拒絕總督府派人進入校園。不只如此，林糊還提到高木校長當時對學生講話，特別以羅福星為例，說羅福星即使上絞刑臺的時候也笑容滿面、視死如歸，勉勵學生要學習羅福星當榜樣。

高木友枝校長的風範，一百多年後來看，不管是臺灣人或是日本人應該都會感到尊敬，而當時的總督府也沒有強勢為難。

高木友枝校長敢這麼做，當然有非常深厚的「底氣」。

出生於日本安政五年（西元一八五八年）九月八日的高木友枝，在東京帝國大學醫學部讀書時，與年長他一歲的後藤新平就是好朋友。畢業之後從醫，並且成為傳染病防治專家。後藤新平畢業不久被牽連入獄時，高木友枝還全力照顧他與他的家人，是真正的患難見真情。

西元一九〇一年，臺灣爆發鼠疫大流行。臺灣最早發表鼠疫病例的時間是在西元一八九六年，地點在臺南，其後蔓延全臺，每年都有鼠疫病例，尤其是西元一九〇一年有鼠疫患者四千四百九十六人、死亡三千六百七十人，人人自危。兩年後的西元一九〇四年，有鼠疫患者四千四百九十四人、死亡三千三百七十人，幾乎追平高峰紀錄。

日本總督府一開始對鼠疫採取強制檢疫措施，引發反彈，而且未能根治。擔任民政長官的後藤新平，特別敦請已經成為傳染病防治權威的好友高木友枝，在西元一九〇二年來臺主持防疫工作，結合當時最新的流行病學，希望撲滅疫情。到了西元一九一〇年，臺灣罹患鼠疫的死亡人數降到只剩十多人，疫情危機大致解除。

由此可見，高木友枝校長敢阻擋警方進學校逮捕學生，除了自身的道德勇氣之外，他與民政長官後藤新平交情深厚，而且來臺之後對於防疫具有重大貢獻，都使他廣受敬重。

高木友枝後來還出任「台灣電力株式會社」（台灣電力公司前身）的社長。西元一九二九年，已經七十二歲的高木友枝回到日本故鄉。當年在日本的臺灣雕塑家黃土水，因為感念高木友枝對臺灣貢獻了生命中最精華的二十八年，特別為他製作半身銅像。這座「高木友枝銅像」，在西元二〇一八年由高木友枝校長的外孫媳板寺慶子代表捐贈給彰化高中收藏。

高木友枝回到日本後，杜聰明與賴和等昔日的學生，還常常去探訪。他在西元一九四三年的十二月二十三日去世，享壽八十六歲。

在高木友枝校長過世之前，他昔日挺身保護的幾位學生之中，蔣渭水、翁俊明這兩位，還有寫下了記載的賴和，都已經英年早逝，死於非命。另外一位寫下記載的學生林糊，不久之後也成為二二八事件的受難者。當年被高木校長保護的學生，只有杜聰明活到了西元一九八六年，享耆壽九十四歲，不但是臺灣第一位醫學博士、日治時期文官職位最高的臺灣人，而且身後留下了價值新臺幣數十億元的遺產，子孫爭訟多年。

「慚愧祖師」的信仰在臺灣流傳已久，信眾主要分佈在為臺灣中部地區，本來以粵人為最主要的宗信仰族群，後來各族群都有信徒，更因為臺灣總兵吳光亮的部隊，而變成了「開山守護神」。

清朝同治十三年（西元一八七四年）發生牡丹社事件，日本出兵臺灣的屏東社寮征討原住民。這件事情讓清朝官方決心好好經營臺灣，所以在光緒三年（西元一八七七年）派吳光亮接任臺灣總兵，積極開山撫番。當時原住民以武力反擊，吳光亮帶來的部隊奉祀慚愧祖師作為守護神，在開通八通關古道之後，吳光亮與他的弟弟、擔任副將的吳光忠敬獻「開山佑民」與「佑我開山」的匾額。

明朝末年知名文史學家李士淳撰寫的〈慚愧祖師傳〉，是現存最早而且詳細可信的慚愧祖師傳記：慚愧祖師據傳是唐朝福建的汀州沙縣人，俗姓潘，名了拳，出生於唐憲宗元和十二年（西元八一七年），年少時就出家為僧，雲遊四方，廣教弟子。將要圓寂時，自述未能廣度眾生，心覺慚愧，就讓弟子在其靈骨塔寫上「慚愧」兩字，後世遂尊稱慚愧祖師。

值得注意的是，慚愧祖師的信仰傳到臺灣之後，出現了相當大的變化，原先的慚愧祖師形象是佛教高僧，但是臺灣的慚愧祖師形象則多是道教神明。其生平也出現兩、三種不一樣的版本，與前述的早先版本有很大的差別。首先，祖師從一位高僧變成了三兄弟，父親姓潘，名達，母親葛氏，三子的老大名達孔，精通地理堪輿之學，老二名達德，專研岐黃之術，老三名達明，專修醫術並且通曉法術。三兄弟到處行醫助人，每次被致謝，總是謙說慚愧，因此後來被尊稱為慚愧祖師，而且是「慚愧三祖師」，三兄弟分別被信徒尊稱為「大公」、「二公」、「三公」。

根據《陰林慚愧祖師真經》一書，還有另外一個版本：慚愧祖師出生於福建的平和縣，姓潘，父、母一共生了三子，三兄弟平素默默行善，而且達明更曾經為皇太后治癒痼疾，但是皇上在論功行賞的時候卻獨獨漏了潘家，潘家兄弟不但未有怨尤，反而還自覺慚愧，所以才被尊稱為慚愧祖師。

輯　五

在臺中市的外埔區，曾經有一道長長的蜈蚣堤。地方盛傳，臺灣本來會出現真龍皇帝，卻因為清朝皇帝預先知道，所以設置了蜈蚣堤，就是要破壞臺灣的風水。

民間傳說大安溪以及大甲溪這兩大溪流，前者水質較濁，後者水質清澈，分別是黑蛇與白蛇，兩條溪水一北一南包圍著鐵砧山，這座山有如一顆龍珠，一旦大甲溪、大安溪兩溪的溪水交會了，兩蛇就會變成雙龍，到時大安溪、大甲溪環抱鐵砧山，就成為風水寶地，也就是黑龍、白龍的雙龍搶珠穴，寶穴只要形成了，皇帝就會誕生在臺灣。

根據民間傳說，乾隆皇帝派了楊桂森來臺灣「敗地理」，所以用心設置了蜈蚣堤，要分開大安溪與大甲溪，讓兩溪永遠不能交會。

說起楊桂森，在民間傳說也被稱為「楊本縣」，還真是大名鼎鼎，在民間傳說裡幾乎無所不在，許多縣市都有「楊本縣敗地理」的傳說。事實上，楊桂森真有其人，他是雲南石屏人，嘉慶四年（西元一七九九年）考上進士，嘉慶十五年（西元一八一〇年）

擔任彰化知縣；在兩年後的嘉慶十七年（西元一八一二年），兼署臺鹿仔港海防捕盜同知；嘉慶十八年（西元一八一三年）就離任了，回到雲南講學。前後加總，楊桂森只在臺灣當官三年，他的大名卻因為民間傳說而在臺灣流傳了兩百多年，這真是一大奇事。

從真實歷史可以知道，傳說有幾個地方不正確，一是楊桂森來臺是嘉慶皇帝任內，與乾隆皇帝無關；二是他不只擔任知縣，還兼署同知，所以應該不會只有自稱本縣，後來應該改稱本府；三是他來臺只在彰化當官，其他地方的敗地理傳說不應該也有他。

至於神奇的蜈蚣堤，真實歷史也有記載，當初設置的目的是要保護大甲溪橋的安全，而且出現的時間很晚，比楊桂森在臺灣的時間晚了將近七十年，要到光緒七年（西元一八八一年）才出現，這一年的十一月二十二日，福建巡撫岑毓英大力倡議的大甲橋正式開工興建，要貫通臺灣南北的交通，當天巡撫大人親自到大甲溪畔主持開工，動員各地的民夫大約有一萬人，隔年兩月完工。霧峰林家的林朝棟因為積極出錢出力，獲得巡撫岑毓英的注意，有助於霧峰林家的重回官場，以及後來的東山再起。當年正是為了保護巡撫大人倡議的這座大甲橋，所以才會興建蜈蚣堤。

可惜的是，蜈蚣堤沒有想像中那麼厲害，光緒年間興建的大甲橋完工啟用之後沒有幾個月，就被大甲溪水給沖垮了，原本完整蜈蚣堤也漸漸荒廢失修，如今只剩殘存的遺跡片段，可供後人憑弔。後來大甲橋另外興建，那是另一段故事了。

若干年前，連續有好幾位宜蘭人成為全國性的知名人物。當他們面對新聞媒體的採訪時，以自己習慣的閩南語發音，闡述各種理念的時候，很多電視機前的觀眾頓時感到好奇：怎麼宜蘭人講的臺語聽起來怪怪的？

最經典的用語，或許是「雞蛋」的臺語發音。很多住在都會區的臺灣民眾，總覺得宜蘭人用臺語念「雞蛋」怎麼聽怎麼怪，甚至還有人以此嘲笑宜蘭人。

其實這真是太過冤枉宜蘭人了。這種冤枉，說穿了就是一種理所當然的本位主義，就是用自己習慣的角度去想當然爾、去任意判斷別人。認真說起來，這是一種不尊重他人語言文化的態度。

宜蘭人講的臺語，其實是閩南語的分支，更重要的是，宜蘭人講的根本就不是「雞蛋」，而是「雞卵」，除此之外，真正懂閩南語的行家就知道，宜蘭人的發音，其實是比較正統的漳州腔。

臺灣先民，主要來自福建，漳州與泉州是兩大系統，雖然用的都是閩南語，但是仍然有一些不同。一開始正是由於互相爭奪土地等資源，加上語言不太通，造成了很多的「族群械鬥」，甚至是「分類械鬥」，也就是同一族群也會上演械鬥。

隨著時間的發展，各族群已經高度邁向融合，各地的閩南語也漸漸混同。儘管如此，臺灣還是有一些「寶地」，因為地理與文化等因素，有機會保留住了比較原始的母語腔調。一個是宜蘭，保留了漳州腔；另一個則是鹿港，保留了泉州腔。

中央廣播電臺鹿港分臺曾在鹿港舉辦「鹿來鹿歡喜」活動，鄉親們在舞臺上進行趣味的廣播競賽時，就充分展現了鹿港人泉州腔的特色。

遙想先民來臺，篳路藍縷，數百年後，依然可以聽到先民用語的原腔原調，如同聽到了活生生的人文歷史，讓人很自然生出思古之幽情。

當宜蘭與鹿港以外的臺灣民眾，未經深思就質疑這兩個地方民眾的閩南語腔調不標準、甚至嘲笑他們怪腔怪調時，恰恰反而彰顯質疑者的本位思考以及欠缺語言文化的縱深。

原來，宜蘭歷史人文最珍貴的地方，不只昭應宮、不只蔣渭水、不只冬山河，還在於活生生的先民語言腔調。同樣的，鹿港歷史人文最珍貴的地方，也不只龍山寺、天后宮，不只「施一半」，不只半邊井，同樣在於活生生的先民語言腔調。

古人買櫝還珠，貽笑至今。現代人動輒發出思古之幽情，喜歡走訪古蹟以及老街等建物，卻反而忽略了就在臺灣，還留有一息尚存的珍貴人文資產，這就是宜蘭與鹿港的漳、泉口音。

看到這裡，客家鄉親想必感觸尤深，雖然人口多達四百一十九萬，但是客語在很長的一段時間裡並不是臺灣的主要通行語言，許多客家子弟甚至已經不會說客家話了。相較之下，臺灣的先民也有許多粵人，他們的語言境遇更加不如。不只是漳、泉先民的原音，也不只是客家話、粵語，更有原住民等許多族群的母語，確實都有重要的文化意義，必須尊重及保存，而且刻不容緩。

語言是傳遞文化的工具，語言不死，文化才有完整傳承的可能。期待有那麼一天，臺灣吸引世人的最美文化資產，會是各族群都能用母語訴說自己的歷史故事。

大眾爺、有應廟，遍及全臺的許多地方，雖然源起都大同小異，但是各地都有不同的發展脈絡，例如彰化上豐村的「有應媽」，就有相對還算清楚的生平故事。

由於明朝末年、清朝初年以來，許多先民陸續來到臺灣開墾，當時臺灣很多地方還是原始林地，多有瘴癘之氣，先民墾荒經常遭遇天災、意外與疾病，還可能因為與原住民衝突或是漢人自己的分類械鬥而喪命。

不少墾民初到臺灣往往是隻身而來，死後無人祭祀，甚至還會曝屍荒野。其他墾民為了安頓無名枯骨與孤魂野鬼，於是出現了祭祀的大眾爺與有應廟，專門祭祀因為天災、意外與疾病而死亡的墾民，以及開墾時發現的無名枯骨，希望藉以安頓這些死者，避免亡魂作祟為害。

這些祭祀無後甚至無名死者的祭拜之處，經常取名萬善祠或有應廟這一類的名稱，由於祭祀的對象不是神明，俗稱陰廟，有時還不使用廟當名稱，以免太過高調，褻瀆神明。

除了大眾爺與有應廟之外，其他的名稱還包括了萬善祠、萬善同歸、大墓公、有應公、有應媽等等。顧名思義，有應公、有應媽是對於男、女亡者的分別敬稱，這類亡魂祭祀，通常不是只祭祀單一的亡者。

亡魂祭祀，主要只使用前述名稱之一，但是也有例外，例如宜蘭的萬善祠。根據《頭城鎮志》的記載，宜蘭萬善祠早在清朝道光十九年（西元一八三九年）之前就已經存在，祠中祭祀的石碑，鐫刻的是「萬善祠保境公護民媽之位」。為什麼除了萬善祠，還要特別鐫刻保境公與護民媽，是單純出於對男亡者與女亡者的分別敬重，或是有確切的祭拜對象，現在已經無法考證。

祭祀孤魂野鬼的習俗，自古已有，以免其變成厲鬼，會「依草附木，求食殃民」，祭厲的原意在於避害，後來也有所祈求，所以衍生「有求必應」的有應公或有應媽。

有學者研究指出，臺灣的亡魂祭祀從清朝、日治時期到現在，出現過兩次大的轉型，第一次轉型是名稱出現有應公或有應媽，這在清朝文獻沒有出現過，反映出祭祀動機已經從憐憫以及避祟，轉為祈求並且感謝對所求有回應。第二次轉型則是從陰廟轉為陽廟，原先的亡魂已經修成了正神。

這一類的祭祀，很多都不知孤魂野鬼的姓名，更遑論生平，但是也有例外，例如彰化縣上豐村的有應媽就有生平故事，但無姓名。

根據當地耆老的轉述，在清朝有一位婦人跟隨夫婿來臺，後來夫婿去世，婦人仍留在當地而且熱心助人。有一年大雨成災，婦人為了要挽救被水沖走的村民，自己也不幸失足被洪水沖走。村民為了感念她樂善好施以及捨己救人的偉大精神，因此蓋了有應媽的「小厝」來奉祀，當地信眾認為有求必應，相當靈驗，就稱之為「有應媽」。耆老說，由於有應媽還沒有正式被封為神，所以祭祀的小厝不能稱廟，只能直接稱呼有應媽。

從傳說來看，上豐村有應媽在生前就有具體的行善事蹟，而且捨己救人，因此獲得了村民的感念與祭祀。相較來看，臺灣很多地方的大眾爺、有應廟等亡魂祭祀，多半沒有具體事蹟，而且是祭祀的動機是先出於憐憫與避祟。

至於受祭者被晉封為神、陰廟轉為陽廟、臺灣也有一些知名案例，包括位於板橋的迪毅堂。民間傳說迪毅堂祭祀的徐才已被封神，宮廟應改名迪義堂，不再是陰廟。不過改名之事據說因為在日治時期不被官方接受，衍生一些波折，到現在都還沒獲得解決。

國術館與十八銅人行氣散的源起

在臺灣相當知名的「十八銅人行氣散」，當年因為電視廣告強打「少林武功冠天下」而引起關注。

十八銅人行氣散真的跟少林武功有關係嗎？很多人可能不知道，國術館與十八銅人行氣散在臺灣大為流行，關鍵人物是清朝同治年間從廣東來臺的傳奇武師羅乾章，他又被稱為阿乾師、乾師、唐山師，其武術與醫術據說是傳承福建南少林的武術及醫藥，來臺灣後在彰化的二水、南投的名間等地開設「同義堂」傳授武藝，弟子遍及中臺灣，他的跌打損傷之術在臺灣的傳人與間接傳人更是非常多，形成後來處處可見的國術館，影響深遠。

羅乾章一百多年前傳授的武術相當多種，有四門拳、五形拳，而且各地同義堂所學都不盡相同，鶴拳（掠鬚拳）比較普遍、牛形拳則是社頭獨有。由於早期沒有拳譜，都是口述，好幾代之後的弟子才開始整理拳譜，已經公開寫入書籍的包括了四門拳法、踏蓮拳法等。

羅乾章所傳授的醫術，本源之一據說是傳說中的《銅人簿》，全名是《少林武功銅人簿》，分科論治處方，其中又以「打傷科」最為知名。這本書中的處方之一是「大七厘散」，就是後來在臺灣相當出名的「十八銅人行氣散」。

賴和更勝《太陽的後裔》

韓劇《太陽的後裔》在西元二〇一六年帶起熱潮，不但走紅各國，還牽動了網路影音平臺的決戰。因為對岸的網路影音平臺「愛奇藝」，早就預先以一集六百多萬臺幣簽下版權，得以跟韓國同步上線，據稱因此而在一個多月後付費會員就爆增五成。《太陽的後裔》結合了影視流行元素、俊男美女愛情故事，使得南韓軍人以及醫生形象因而大大加分，為南韓帶來的宣傳效果十足。韓劇走紅至今，不只偶像劇動人，如《來自星星的你》因為涉及穿越，也詮釋了韓國歷史，至於《朱蒙》、《大長今》、《奇皇后》，本身就是歷史劇，還跨入了他國歷史。韓劇透過《太陽的後裔》，進一步把韓國帶上國際舞臺。

比起韓國，臺灣真的有許多功課該做。別的不談，起碼針對臺灣先民的歷史，影視產業就絕對不該缺席。更何況，在這個方面，臺灣早就有許多堅實的基礎可供取材。

一百多年以來的臺灣文學家如賴和、楊逵、吳濁流、鍾肇政、鍾理和、李喬等，早就為歷經苦難卻始終勇敢前進的臺灣人留下鮮明的文學記錄。可惜的是，臺灣影視界對於他們的作品，至今還不能說已經非常重視。

這幾年陸續有人討論日治時代的臺灣歷史，對於這個話題，一定不能忽略被稱為「臺灣新文學之父」的賴和。但是，事實恰恰相反，賴和的作品在這之前，幾乎沒幾部被改編成影視作品，他的真實人生，竟然還曾經一度被臺灣社會遺忘。

賴和生於西元一八九四年，日本佔領臺灣的前一年，卒於西元一九四三年，日本離開臺灣的前兩年，一生都活在日本的殖民統治之下。

賴和怎麼看待日本統治以及自己的認同呢？從他的作品可以清楚看到日本人及臺灣人的形象，前者經常作威作福，動輒欺負臺灣人，而且還透過依附日本人的臺灣人去踐踏有自主意識的臺灣人，後者則頗多一心尋求公道與正義。

賴和的小說中，經常可見到日本警察（當時稱為「大人先生」）欺負臺灣人的描述，有些臺灣人則依附日本人擔任警察助理（當時稱為「補大人」），一起欺負臺灣人。

看到賴和在作品中描述的臺灣人遭遇，讀者一定會忍不住吶喊：這樣天底下還有公理正義嗎？相較於此，有些人經常懷念日本統治的時候，認為那時臺灣治安非常好。從賴和的角度來看，這是日本殖民統治透過各種各樣的法令限制臺灣人，讓臺灣人動輒得咎，只好乖乖被欺壓，就像是被囚禁的雞鴨一樣，這種生活才是治安良好的真相。

賴和的本業是醫生，在彰化行醫的口碑極佳，但是他看不慣日本殖民統治的差別待遇，因此透過新文學想要扮演精神戰士尋求正義，藉此喚醒民眾，結果得罪了日本官方，兩度入獄，第二次入獄時在獄中以草紙撰寫〈獄中日記〉，直接寫出殖民地被統治者的無奈悲情。賴和無端被警察逮捕入獄，在獄中生了重病才被釋放，一年多後就過世了。

賴和不只書寫了臺灣人的悲情與反抗意識，他的一生同時實踐了戰士與醫生的信念，這正是真實臺灣版的《太陽的後裔》。可嘆的是，賴和的精彩真實人生與小說故事，至今都不被臺灣影視界所重視，於是臺灣的觀眾們只能透過對岸或外國影音平臺去觀看韓國的虛構敘事。

利用植物纖維來編織衣物，自古已有，臺灣的原住民就是高手，取材在地的植物，包括香蕉絲、苧麻、月桃、構樹、三角藺草（俗稱大甲藺），都可以編製衣物。

隨著文明進步，紗、布與絲綢等更加舒適的材料陸續出現，利用植物纖維來製作衣物的情況漸漸不再存在。

但是在日治時期，一度因為戰爭而造成物資不足，民眾只好再度使用鳳梨纖維編織衣物，甚至私下販售。在彰化還因此衍生出了一段從日治時期持續到現在的百年信仰「大媽會」。

在日治時期的後期因為受到戰爭的影響，民眾不只開始面對糧食不足的問題，連日常衣服也不夠穿用，所以重新想起先民與原住民的生活智慧，取用當時非常普遍種植的鳳梨當成材料，抽取鳳梨葉的纖維，再摻進一些棉紗，就這樣織成鳳梨絲布，拿來製作衣物。

當時臺灣總督府實施了物資的配給制度，想要私下交易的民眾只能在晚上偷偷進行，形成真正的黑市交易活動。據說當年二水鄉幾乎家家戶戶都編織鳳梨絲布，民眾為了賺取收入以及交換生活必須的物資，只好違背總督府的禁令，把鳳梨絲布偷偷纏繞在衣服裡面，冒險出外販賣。

二水鄉的鳳梨絲布販售者，為了祈求自己的私下交易不被警察大人發現，就集體供奉安德宮的媽祖當守護神。最早是從安德宮取香火置於香爐，由爐主輪流在自己家中奉祀，每年在媽祖誕辰之前回到安德宮「謁祖」，到現在已經有將近百年的歷史。

這個獨特的信仰傳承，即使到了日本戰敗離開臺灣之後，還是繼續維持。到了西元一九七〇年代，「大媽會」到竹山普庵宮請了木匠師傅沈四雕刻神像，拜求安德宮媽祖分靈，從此變成爐主輪流在家奉祀香爐與神像。

安德宮的歷史，最早可以追溯到清朝康熙年間施世榜開鑿八堡圳，墾民在當時開始奉祀媽祖。到了乾隆六年（西元一七四一年），才使用「土角」興建了最早的宮廟。

時隔百年，不只大媽會的信仰流傳下來，鳳梨纖維的技術也有新的發展。文化部就補助了鳳梨絲工坊，促成品牌建立。臺灣的鳳梨纖維開發，甚至進入了產業化生產，有許多生產工廠。日本沖繩縣在西元二〇二〇年還組團來臺，拜訪紡織品協會想把鳳梨纖維的紡織技術帶回日本。

經過知名的西螺大橋時，當地竟然盛傳要撒冥紙？這樣的習俗背後有什麼玄機呢？

提起西螺大橋，在西元一九五二年完工時，長度只輸給美國舊金山的金門大橋，當年是世界排名第二的大橋，毫無疑問也是「遠東第一大橋」。

西螺大橋早在日治時期的昭和十二年（西元一九三八年），就已經發包興建，當時取名濁水溪大橋，但是後來因為戰爭激烈，造橋的鋼材被挪作他用，所以成為一座未完成的橋樑，直到中華民國政府遷臺後才興建完工。

有許多民眾至今還記得，小時候走訪西螺大橋，坐在長輩的車子曾經親眼目睹一件奇事。當時汽車要行駛上橋之前，長輩特別先在橋頭的商店買了一大疊冥紙，上橋之後一邊開車，一邊往外面用力撒出冥紙，拋到橋下的濁水溪。當時看到其他經過西螺大橋的車子，也都是一邊開車，一邊有人從車裡往外撒出冥紙。

當地人指出，這種習俗是要撒冥紙給橋下的冤死亡魂。因為先前濁水溪沒有什麼橋，有不少人都因為想要過溪而溺斃，而且也有不少人因為遇到洪水而被沖到溪裡失蹤，尤其西元一九五九年的「八七水災」死了不少人，所以直到現在媽祖遶境時，還會特意走下河岸，安撫亡魂。

八七水災發生在西元一九五九年八月七日至八月九日，總共造成全臺六百多名民眾死亡、還有四百多位民眾失蹤、將近一千人受傷，房屋全倒將近三萬多間，房屋半倒將近兩萬間。西螺一帶是重災區。螺陽文教基金會前董事長廖登堂指出，西螺平地受到大水的影響最大，他的老師住在學校日式宿舍，因大水來得又快又猛，全家匆忙躲上屋頂才逃過一劫。當年西螺因為八七水災而被沖到濁水溪不知所蹤的人很多，令人哀傷。

地方民眾透過灑冥紙的行為來表達哀悼，是一種將心比心的慈悲情懷。這種習俗也不只西螺大橋才有，臺灣很多地方都有類似的習俗。

不過隨著時間改變，民眾的環保意識逐漸抬頭，以往那種經過西螺大橋時要拋撒冥紙的習俗，現在已經減少了很多。

北極玄天上帝，在臺灣也被稱為上帝公或是帝爺公。民間關於玄天上帝的傳說相當多，其中又以屠夫得道成仙的故事流傳最廣，早在西元一九八〇年代拍過的電影就是採取這個說法，影響深入民間。

但玄天上帝真的原來是屠夫嗎？民間傳說指稱玄天上帝本來是屠夫，自覺殺業過重而切腹取出腸胃以懺悔，因而得道成仙，其取出的腸與胃卻變成蛇、龜二精在人間為害，玄天上帝親自下凡收服。

前述這個說法，其實大大污衊了玄天上帝的原始形象。因為按照道教的最早典籍，玄天上帝是四方星宿青龍、白虎、朱雀、玄武四象中的北方星宿玄武，所以玄天上帝有北方玄天上帝之稱。從五行來說，北方為水，所以玄天上帝也是水神。後來玄天上帝的地位越來越高，從北方諸多星宿的神明之一，變成了北方星宿的代表神，再後來甚至超越北方之神的侷限，成為普世神明。

玄天上帝的受到官方冊封，歷經唐、宋、元、明，尤其到了明朝更加受到官方的推崇。在這之前，玄天上帝都是星宿之神。但是在明朝萬曆年間出現一本神怪小說《北遊記》，開始出現玄天上帝從星宿投胎變成凡人，再修道成仙的說法，小說提到「妙樂天尊見祖師功成漸入仙道，但未去五臟之髒……即喚割肚神，將祖師肚腸取出。」在這本小說之後，又演變出了前所未有的屠夫修道故事。

《北遊記》的文學價值不算高，魯迅認為這本小說「蕪雜淺陋，率無可觀」。但是《北遊記》卻成功改變或是扭曲了玄天上帝的形象。為什麼《北遊記》能發揮這麼大的影響力？據說是清朝官方的推波助瀾。因為明朝官方推崇玄天上帝，清朝當然就反其道而刻意打壓，這才助長了《北遊記》以及民間屠夫版本故事所改編戲曲的廣泛流傳。

鄭成功與父親鄭芝龍都是靠著海上武力起家，更有理由信奉兼具水神身分的玄天上帝。鄭成功來臺之後，當然也把玄天上帝的信仰一起帶來，他在明朝永曆十五年（西元一六六一年）三月率軍來臺，五月攻下普羅民遮城，隨即在鷲嶺蓋了第一座官方興建的玄天上帝廟，後來成為東寧王國的國廟，也就是現在臺南市民權路的玄天上帝廟，俗稱鷲嶺北極殿，舊稱大上帝廟。一般認為，這是臺灣最早的玄天上帝廟。

不過，南投松柏嶺的受天宮則是在官網宣稱，該宮廟的歷史可以追溯到明朝的永曆十一年（西元一六五七年），來自福建的李、陳、謝、劉姓墾民，在荷蘭時代就開始在家中祭拜從武當山分靈的玄天上帝香火。到了清朝康熙二十年（西元一六八一年）當地居民先建了小祠，直到乾隆十年（西元一七四五年）才擴大建廟，命名受天宮。西元二〇〇〇年六月十七日凌晨發生火災，宮廟嚴重毀損，但是上帝公神像卻毫髮未傷，八年後受天宮順利完成重建。

受天宮的建廟歷史雖然晚於鷲嶺北極殿，但是傳說中祭拜上帝公的時間，則可能略早於鷲嶺北極殿，可惜這種傳說不太容易找到確實的佐證資料。

宜蘭猴猴族的由來以及滅絕真相

最近跟原住民有很多的連結。遠因說來話長，有機會可再細談，近因則是兩本拙著：《台灣血皇帝》以及《穿越臺灣趣歷史》。

《台灣血皇帝》是根據霧峰林家真實歷史撰寫的歷史小說，裡面提到林文察曾經帶領臺勇「反攻大陸」，以寡擊眾、以少勝多，屢屢打敗福建與浙江兩省的太平軍。當時林文察的帶領的臺勇，主力不只漢人，還包括許多平埔族的巴宰族，以及一部分泰雅族的原住民。

《穿越臺灣趣歷史》則是寫下了許多臺灣史的精彩故事，裡面有原住民的血淚史，其中之一，就是消失的猴猴族。

拙著有機會受到關注，要感謝的人太多，尤其陳耀昌教授的得獎原著小說《傀儡花》，被曹瑞原導演改編成公共電視旗艦大戲《斯卡羅》，讓民眾更加關注臺灣原住民的歷史。

根據目前的研究，一般認為最後接觸到猴猴族的研究者是創辦馬偕醫院的馬偕牧師，他在西元一八九二年的日記寫下了親自走訪猴猴族的見聞，當時猴猴族只剩下十一戶。馬偕從語言等文化面向分析，認為猴猴族稍微不同於當時蘭陽平原最主要的原住民族——噶瑪蘭族，應該是自成一族。又過了幾年，從日本來臺的伊能嘉矩等其他研究者就找不到猴猴族了，一般認為已經消失。

原住民族電視臺（TITV）《讀力創作》的美麗主持人、「林榮三文學獎」史無前例的跨文類（新詩、散文）雙料冠軍朱國珍，邀請我去分享書中提到的原住民臺灣史。國珍特別提到她是透過《穿越臺灣趣歷史》裡的文章，才知道以前從未聽聞過的宜蘭猴猴族。

《讀力創作》的節目製作團隊非常認真，邀請了臺灣史的正牌專家、中研院臺灣史研究所研究員翁佳音，以及阿美族的原住民權利鬥士那莫．諾虎一起上節目分享，讓我也獲益良多。

國珍美言說是從拙著聽聞猴猴族，相較於此，這兩位來賓讓人對猴猴族有了更多的認識。

猴猴族這個稱呼從何而來？有一種說法是漢人看到蘭陽平原山上的原住民可以穿山越嶺，很像猴子，所以稱之為猴猴族。那莫．諾虎則是從原住民的觀點指出，噶瑪蘭族比漢人更早知道猴猴族，漢人對猴猴族的認識，應該會受噶瑪蘭族的影響，但是噶瑪蘭族不是用猴子稱呼猴猴族，因為噶瑪蘭族語的猴子發音是rutung，這應該就是「羅東」地名的由來。上網一查，發現除了噶瑪蘭族之外，卑南族語的猴子是lo'dun，兩族的發音幾乎一模一樣。那莫進一步從噶瑪蘭族語指出，猴猴（Qauqaut）的發音，跟鐮刀的發音比較像，這當中是否存在關聯，卻不得而知。猴猴族的名稱到底是什麼意思，有待進一步考證。

更重要的議題來了——猴猴族真的滅絕了嗎？翁佳音老師幽默笑稱，很多原住民都是遭到文化研究者「滅絕」。翁老師的觀點非常有啟發性，因為包括猴猴族等被認為已經滅絕的臺灣原住民族群，其血脈可能還一直留存著，很難說真的被滅絕了，可能只是因為文化的相互同化，而失去了可辨識的特殊性。

找回已經消失的原住民族語言與文化，當然非常艱難，但這卻是原住民族復興運動應該走的路。

鑽石，作為財富與浪漫的象徵，在人類社會受到喜愛最少已經有一、兩千年的歷史。

中國有許多古籍對鑽石也早有記載，將近三千年前的《詩經》提到的「他山之石，可以攻玉」，有人認為這個石，指的就是金剛石。西晉郭璞一千七百多年前在志怪筆記《玄中記》已經指出：「金剛出天竺（印度）、大秦國（羅馬）。」這裡的金剛當然是指金剛石，也就是鑽石。

鑽石在臺灣又有多久的歷史呢？相關記載不多，不過倒是有人記載了「消失的臺灣鑽石」，值得探究。

這個記載的出處是小說，但卻不是一般的小說，而是日本社會派推理小說大師松本清張的作品。

松本清張在臺灣最著名的小說作品，或許是《砂之器》，因為他的這部小說曾經被改編成同名電影，又多次改編成同名電視劇，所以廣為流傳、深入人心。

松本清張的《日本之黑霧》，形式上是小說，但是內容非常翔實，簡直就是多篇深度調查報導的合集，對於日本戰後的許多謎團提出深刻的質疑。其中有一篇〈征服者與鑽石〉，指出日本軍需省在戰爭後期收集的許多鑽石與黃金，戰敗後下落不明，懷疑是佔領日本的美軍動了手腳。曾任日本內務省政務次官的世耕弘一指出，當時資料顯示鑽石應該有六十五萬克拉，但是後來的官員卻說只有十六萬克拉。

日本戰時到底收集了多少鑽石？後來又哪裡去了？這本身就是非常值得探討的議題。臺灣讀者可能特別注意到的，應該是松本清張對於日本戰時收集鑽石的這段記載：「執行地區除法令規定之外，還包括庫頁島、北海道、朝鮮、臺灣、滿洲、關東洲及其他地區，常常出現大排長龍的情形。由於國民的熱切提供，軍需省將最初預定的三個月期間改為四個月，一直持續到一九四四年十二月十五日還持收購著。

十二月十五日的第二天為截止的最後一天，軍需次官竹內可吉氏還發表感謝國民的談話，在他的談話中表示『鑽石達到目標的九倍，白金達到二倍的偉大成果。』

然而，問題是他所說的目標究竟是多少。當時並沒有發表，由於軍需品生產，關係到軍事機密，因此不發表數量也沒有不自然的感覺。

不幸，日本很快投降了，接收的鐵石就凍結在各處。如上述成立接收貴金屬審議會是十五年後的一九六〇年才成立的，當時所搜集的大量鑽石也是十五年後才公諸於世的。」

按照松本清張在文章中所提，日本戰時收集鑽石的地區包括朝鮮及臺灣。這不令人意外，畢竟當時朝鮮及臺灣都是日本的殖民地。讓人好奇的是，到底在這次日本全力收集鑽石的動員之中，臺灣有多少具體貢獻？當時臺灣有很多鑽石嗎？有多少繳交給了總督府？運去日本了嗎？還是「凍結」在臺灣？後來下落呢？

不管松本清張的調查有多紮實，要想了解「消失的臺灣鑽石」之詳情，當然必須多做查證。

令人訝異的是，對於戰時日本收集鑽石的這件事情，臺灣幾乎沒什麼記載，不知道是記載被消除了或其他原因，竟成疑案。

每隔一段時間，臺灣就會傳出有人挖寶的消息，主要都是聲稱日治時期留下許多因為戰敗而來不及搬走的寶藏。不過，相關報導提到的很多都是道聽塗說的線索，例如指稱是當年參與藏寶的日軍私下告知；有人看到日軍往山裡搬運了多箱的物品，其中一箱跌破而洩漏出裡面都是寶藏；還有人自稱取得藏寶圖等等。

前述的日治時期寶藏傳說，來源都有待查證。倒是松本清張提到的鑽石，日本官方曾經證實，還承認「凍結在各處」。臺灣的鑽石在哪裡？還凍結在某一處嗎？這真是耐人尋味。

最近幾次經過正式申請對日治時期藏寶的挖寶活動，包括了西元二〇〇七年在臺北市「陸軍聯誼廳」，以及西元二〇〇二年在總統府附近的博愛特區。據說這幾次挖寶都一無所獲，但實情如何只有挖寶人知道。說不定挖寶人已經挖到了，卻故意保持低調。但是也可能真正的寶藏，還在距離我們不遠的某處，等著終有一天重新回到臺灣人的手中。

對日抗戰勝利，臺灣光復初期，第一批在基隆登陸臺灣的國軍是七十軍，在美軍第七艦隊的隨同之下，在西元一九四五年十月十七日抵達。一直以來，這個部隊經常被描述為「乞丐兵」或是「叫化子兵」，這似乎已經成了在臺灣的主流論述了。

當過文化部長的知名作家龍應台在《大江大海》書中提到這一段：「接收臺灣的七十軍，在臺灣主流論述裡，已經被定型，他就是一個『流氓軍』、『叫花子軍』。」這讓她不免好奇：「七十軍那樣襤褸不堪，後面難道竟沒有一個解釋？」

儘管有人想要探索，但是長期以來，這似乎已經是定案的論述，沒有太多人懷疑。直到從美國的檔案找出了七十軍登陸基隆的珍貴影像，才呈現出七十軍的真實面目。

美國檔案影像清楚顯示，當時登陸的國軍部隊，完全不是什麼「乞丐兵」或是「叫化子兵」，反而稱得上軍容整齊、意氣風發。這到底是怎麼一回事呢？是影像有問題嗎？還是長期以來的論述有問題？

回顧來看，有文字可循的記載，大概分成兩個部分，一是文學小說，二是回憶錄。

吳濁流西元一九六八年發表的《無花果》小說裡面這樣描述：「我盡量站高身子去看，但那些軍人都背著雨傘，使我產生奇異的感覺。其中也有挑著鍋子、食器以及被褥的。感到非常的奇怪，這就是陳軍長所屬的陸軍第七十軍嗎？」

吳濁流在另一本小說《臺灣連翹》裡面也有類似描述：「受這隆重歡迎的七十軍，卻非常寒酸。每個人都背著一把雨傘，看來格外稀奇。有些還挑著鍋子、食器、寢具等。」

至於回憶錄的部分，曾經代表民進黨參選總統的前臺大教授彭明敏，在《自由的滋味》這本書寫著：「軍艦開入船塢，放下旋梯，勝利的中國軍隊，走下船來。第一個出現的，是個邋遢的傢伙，相貌舉止不像軍人，較像苦力，一根扁擔跨著肩頭，兩頭吊掛著的是雨傘、棉被、鍋子和杯子，搖擺走下來。其他相繼出現的，也是一樣，有的穿鞋子，有的沒有。大都連槍都沒有。他們似乎一點都不想維持秩序和紀律，推擠著下船，對於終能踏上穩固的地面，很感欣慰似的，但卻遲疑不敢面對整齊排列在兩邊、帥氣地向他們敬禮的日本軍隊。」

還有回憶也提及：「航行中，官兵大多頭暈、嘔吐、也有胸悶、心悸，未進飲食，由於艦艇超載，官兵在大艙內，只能以背靠背，支撐坐著，連腿都無法伸展。艦靠基隆碼頭，約二小時登陸，此時官兵尚在頭昏昏沉沉，站立、行動艱難之際，加之以顫動、搖擺之棧橋登陸，更增加行動之困難。」

在這些文字記載的影響之下，七十軍的乞丐兵形象深入人心。不喜歡中華民國的獨派人士當然據此批評這批軍隊，就連立場支持統一的戚嘉林教授，也曾經寫下這樣的記載：「十七日中午首批登陸基隆並旋抵臺北的第七十軍國軍，士兵多穿草鞋、背著雨傘、甚至挑著鍋碗棉被，這與臺灣人民習見的日軍軍容相異，也與臺灣人民想像中贏得抗戰勝利的軍隊不同。」

登陸影像的第一次揭露，直接翻轉了前述的許多論述，如果不是如此，七十軍的形象大概永遠難以翻案了。讓人好奇的是：影像與文字為什麼會有這麼大的差異呢？如果文字記載並非刻意扭曲，則有幾種可能的解釋：第一、七十軍最先登陸的應該是軍官，其後或有士兵軍容稍差；第二、前述的若干文字記載，本來不是指七十軍登陸基隆，例如吳濁流描述的是市區遊行，彭明敏回憶的是高雄登陸。後人不察，混為一談。市區遊行與高雄登陸的完整情況究竟又是如何，從前述七十軍登陸基隆的影像來看，恐怕也有再確認的空間，以免以偏概全或是有所誤導。至於網路上流傳的一些乞丐兵照片，早已被指出很多都不是七十軍，甚至不是在臺灣，卻仍然有許多人相信。

由小見大，臺灣歷史存在太多的積非成是與扭曲，真相需要有更多認真的研究與考證，這是還原歷史的嚴肅公共論述，可惜許多人只看政治與立場，未必關心歷史真相。

離散飄零的外省客家人

臺灣的客家族群，在過去很長一段時間被認為是沉默的族群。直到西元一九八八年「還我母語」運動出現，帶起西元一九九〇年代的客家社會運動，至今三十多年，終於讓客家不再沉默。西元二〇二一年公視時代劇《茶金》，是以客家話為主要語言，播出之後叫好又叫座，打破以往紀錄，確實難能可貴。

在臺灣提起客家，一般指的是臺客，也就是日治以前已經來臺的客家人。其實另外有一群人，雖然也是客家，卻漸漸被遺忘，這群人，通稱外省客。

外省客是戰後從對岸遷來，到底有多少人？又有什麼不同面貌？現在已經很難還原面貌。因為不管是福建客、廣東客、浙江客、江西客、湖南客，通通被稱為外省客。

戰後局勢不穩，各省遷臺人數難以有效統計，根據西元一九五六年的戶口普查，非臺籍人口大約九十三萬人，加上未設籍的軍人二十七萬人，共一百二十一萬人，占當時臺灣總人口九百三十七萬人中的一三%。一百二十一萬人連省籍比例都沒有確切資料，更難以細分其中的外省客。

不同省籍的外省客彼此之間有差異嗎？這個問題或許已經不再重要，因為許多外省客的第二代或是第三代，早就忘了自己原本的原鄉身分。這種遺忘，有時是出於一種刻意的無奈，有些社會學家與文學家稱之為離散。

離散，英文是 **Diaspora**，源於希臘語 **Diasperien**，字首 **dia** 意指跨越，而 **sperien** 則指播種。離散被用來稱呼離開家鄉，散居他處的群體，後來特別用來稱呼被迫流亡、回不去原鄉的群體。

外省客家人的原鄉，指的是來臺第一代原本居住的故鄉，通常都在當地已經居住百年以上。至於客家人的歷史原鄉，那是需要另外探討的大題目，遠遠超出本文的負荷。

戰後來臺的外省客家人，被使用閩南語的族群當成不同族群，被使用各省方言的族群當成不同族群，也被臺灣的客家人當成不同族群，因為外省客與臺客彼此的歷史記憶不同，使用的客語也有或多或少的出入。

對外省客來講，初到臺灣最重要的是怎麼適應並且融入臺灣的生活。有研究發現，外省客最好的適應方式，就是努力忘記原本的身分，徹底融入臺灣。這樣的經驗，恰恰正是離散。

外省客不只離散，後代還飄零。因為生存之道是忘記原鄉、融入臺灣，許多外省客刻意不教導下一代母語，不提及原鄉，於是他們的後代，連自己的原鄉也未必記得，甚至根本不知道自己是客家人。

事實上，融入臺灣跟緬懷原鄉，這兩者未必有衝突。就像有很多人從金門遷居臺灣，從南部遷居北部，融入了當地，但是完全不需要忘記故鄉。

身處當年的臺灣，或許因為戰後慌亂，或許困於物資匱乏，有些第一代的外省客，只能在大時代中離散，其後代則遺忘原鄉而飄零。如今，隨著臺灣整體越來越進步，社會文化也已經高度多元包容。此時此刻，外省客二、三代早已生根臺灣，不妨從家族史的角度去進行訪談，重新整理父祖的離散歷程，或許還來得及留下一段段充滿獨特意義的遷臺記憶。

西元一九九三年五月二十八日，政治受難者曾梅蘭經過輾轉詢問、實地踏查，終於在臺北市六張犁山坡上的亂葬崗，找到不同姓的親二哥徐慶蘭的埋骨之處。說是埋骨之處，因為那一抔小土堆，實在說不上是墳墓。

但無論如何，在漫長的四十一年又十三天之後，曾梅蘭終於找到了在西元一九五二年五月十五日被判處死刑，同年八月八日遭到槍決的徐慶蘭。徐慶蘭的死刑判決文號是（41）安潔字第 1730 號。寫在前面的阿拉伯數字41，指的是民國四十一年，西元一九五二年。

曾梅蘭的這個發現，震驚了臺灣社會，因為現場還埋葬了許多白色恐怖受難者的遺骸，多年來無人管理，許多土堆已經辨別不出受難者的身分。

這個事件促成侯孝賢導演拍攝電影《好男好女》，同時邀請關曉榮導演等人，在西元一九九四年發表了《我們為什麼不歌唱》紀錄片，成為第一部呈現西元一九五〇年代白色恐怖與六張犁亂葬崗的紀錄片。

紀錄片《我們為什麼不歌唱》在西元一九九四年初步發表、西元一九九六年正式宣告拍攝完成。其間，西元一九五〇年代在基隆中學事件被槍斃的校長鍾浩東，他的遺孀蔣碧玉在西元一九九五年一月四日去世。這個事件被剪入西元一九九六年版本的紀錄片，一開始是送葬的畫面，旁白說著：一九五〇年代在基隆中學事件被槍斃的校長鍾浩東，他的遺孀蔣碧玉已於一九九五年一月四日去世；然後穿插曾梅蘭在臺北市六張犁亂葬崗的雜草中，終於找到二哥埋骨的土堆，紀錄片帶領觀眾們看到徐慶蘭當年意氣風發的青春照片，也看到亂葬崗上還有其他白色恐怖受難者的墳丘；紀錄片鏡頭切換，再呈現另一位因為參加工運而被判刑的白色恐怖受難者許金玉，鏡頭中已然白髮蒼蒼的她，在回顧那個年代時不禁感嘆：「我覺得我們本省人的命運好悲慘」。多重軸線，穿插呈現，相互呼應，共同圍繞著西元一九五〇年代的白色恐怖記憶。

蔣碧玉的另一層身分是蔣渭水的女兒。紀錄片一開始是送葬隊伍，一邊行走一邊吟唱〈我們為什麼不歌唱〉這首歌曲的畫面，這讓人聯想起了日治時期被稱為「大眾葬」的蔣渭水在西元一九三一年那場空前、盛大、而又充滿感傷的送葬畫面。送別蔣碧玉的〈我們為什麼不歌唱〉這首歌，歌詞是：「當悲哀的昨日將要死去，歡笑的明天已向我們走來，而人們說，你們不應該哭泣，我們為什麼不歌唱」。在告別白色恐怖時期的喜悅中、在迎接自由空氣的氛圍裡，理當含淚歡笑以及歌唱。正因如此，曲名成為這部紀錄片的片名。

雖然在此之前，已經有侯孝賢的《悲情城市》、楊德昌的《牯嶺街少年殺人事件》等電影，刻畫白色恐怖的議題，但這兩部作品畢竟都是電影形式，不是紀錄片。直到紀錄片《我們為什麼不歌唱》的出現，才讓一般民眾能夠真正直接正視、深度檢視那段白色恐怖的悲情歷史。

促進轉型正義委員會為白色恐怖受難者的平反，到西元二〇二〇年十月底，共計撤銷了刑事有罪判決多達五千八百七十四件、五千八百七十三人。這五千八百七十四件、五千八百七十三人，每一件、每一位，受難之前的人生，受難之後全家承受苦難的歷程，全部都值得詳細記載並且呈現。在這之中，有一位受難者特別引起注意，他是馬場町被槍決的第一位臺籍受難者——林正亭。

林正亭，根據促進轉型正義委員會在西元二〇一八年十二月七日公布的「促轉三字第1075300145A號函」中，是公告的一千五百零五位應予平復司法不法之刑事有罪判決暨其刑的受難者之一。林正亭當時被「（38）安潔字第406號」公函宣判為有罪。此一案件的罪名，是林正亭共同意圖顛覆政府而著手實行之有罪判決暨其刑。林正亭的罪，經促轉會發函宣告撤銷。

對於林正亭，一般大眾可能感到陌生。他，不僅是在馬場町被槍決的第一位臺籍受難者；論其個人，更有相當獨特的身世背景，是霧峰林家這個臺灣百年來第一文武世家的家主。

馬場町，最遲在西元一九四九年已有槍決紀錄，西元一九五一至西元一九五三年是槍決最密集的時期，到了西元一九五四年逐漸轉由安坑刑場執行槍決。直到今天，在馬場町遭到槍決的受難者人數，仍然沒有法獲得完整的考證，其中有無至今仍未被知曉的白色恐怖受難者，也還不能斷言。對於槍決這種剝奪人命的大事，竟然沒有留下詳細可供考證的檔案，思之怎能不令人心驚。

林正亨，西元一九一五年生，他是馬場町的第一位臺灣籍人士受難者。這一點，頗值得深究。因為當時執政者有一項至今似乎未找到明文命令的慣例：有鑑於二二八事件造成官逼民反的慘痛教訓，此後不再對臺灣籍的政治犯處以死刑。果真如此，何以林正亨在沒有什麼重大罪證的情況之下，竟然會遭到槍斃？單單這點，已經具有獨特的歷史意義，值得探究。

更何況，林正亨來自臺灣的世家大族霧峰林家，他的直系祖先，往上三代依照先後序為：林文察是清朝官居從一品的提督、林朝棟是清朝具有二品榮銜的棟軍主帥）、林祖密是孫中山親自任命的閩南軍司令，都是臺灣歷史上的風雲人物。

林正亨不只有顯赫的家世，他本人在西元一九三九年畢業於陸軍軍官學校，立刻投入疆場，而且在遭遇戰時以一敵八，英勇血戰，重傷後倒地不起，後援部隊清理戰場時從屍堆找到他，原本以為已經陣亡，後來發現一息尚存，身負十六處槍傷、刀傷等重創；經過幾次手術才救回一命，但是雙手的筋絡已經半殘，雖然獲頒功勳獎章，卻在西元一九四五年因傷殘而退役，退役後辛苦輾轉在西元一九四六年回到臺灣，隔年遇上了二二八事件，他扮演的角色到底是什麼，至今仍然有待研究釐清。如此一位臺灣籍的菁英，卻在西元一九五〇年一月三十日，被槍決於馬場町，時年三十五歲，正值英年。

許雪姬教授在研究林正亨專書的〈前言〉裡，開宗明義就提到：「何以林正亨案應該被研究、重視？首先是要確定林正亨究竟是左派的中共統一派（在統一下維持臺灣高度自治），還是右派的臺灣獨立派？我曾為此事訪問林正亨的堂兄弟，答案各有分歧，唯其為臺灣打拼而死，則是一致的說法」。

林正亨成為白色恐怖受難者，不僅是他的個人悲劇，也造成了他幼女林青一生命運的悲劇。林正亨在西元一九四九年八月被捕之後，不只家人陷入巨大的不安與恐慌之中，經濟也陷入困頓。當年十月，在林正亨妹妹、妹夫的協助下，他年僅八歲的長子（西元一九四三年出生）與六歲的長女（西元一九四五年出生）被接到香港。隔年一月，林正亨遭到槍決，他的太太沈寶珠在處理完林正亨的後事之後，用假身分匆忙化妝更名出逃。由於幼女林青這時出生不久，未滿周歲，還未斷奶，平時是靠奶媽餵奶，沈寶珠擔心帶著幼女出逃萬一被抓到，到時自己沒有奶水餵養，反而會害了幼女。掙扎許久之後，決定先把幼女託付給奶媽照顧。當時以為，一、兩年之後就可以重逢了。萬萬沒有想到，西元一九五〇年的這一別，家人再見面已經是西元一九八二年，闊別三十二年。

林青，林正亨的幼女，就這樣成了「被遺落的女兒」。她本來應該是備受寵愛的臺灣世家千金，結果在白色恐怖的影響之下，不僅永遠失去了父親，在她生命的前三十二年，也形同失去母親與兄姊，而且過著相當艱苦的生活。林青八歲以前，跟奶媽過著窮困的生活，小小年紀就要當童工，不慎刺傷左眼，因為沒錢治療而從此失明。後來被姑姑、姑丈接回，但是因為姑姑腦病惡化，十三歲的她就開始幫忙照顧六個表弟妹。

在林青的前半生，沒有人敢告訴她整個事件的真相，所以她始終不解：為什麼父親林正亨身為黨國元老林祖密之子，卻會遭到判刑槍斃？母親又為什麼只帶走了哥哥與姊姊，而將最年幼的她隻身一人放任不管？諸多疑問，構成了巨大的痛苦與困惑，刺入林青的心中。

儘管仍然有許多人致力於平反並且恢復白色恐怖事件的真相，但是相對而言，在白色恐怖的陰影之下，長久以來對於受難者的研究其實仍相當有限。

在一手資料的部分，目前可查知者，主要是林正亨長子林為民對父親的若干追憶文章，儘管林正亨被槍斃時，林為民只有八歲，仍頗有參考價值，尤其是他曾經接受臺中縣政府委託的口述歷史訪談，得以留下了相當具有參考價值的資料。

林正亭的族人也留下了一些珍貴資料，包括他的太太有一篇自傳文章，回憶了槍決前後的一些事蹟。林獻堂的日記中對於林正亭也有不少記載，從西元一九三四年十一月二十六日首次提及林正亭參與讀書會，到西元一九五〇年二月二十五日寫下了：「文蔚述正亭之慘死」。在這十四年間的日記，林獻堂陸續提及林正亭，多有誇讚，尤其是在西元一九四六年六月十七日更提到：「季商之子正亭、女雙意，……來訪，……正亭說論中國事頗為明瞭而有條陳，勝其父多矣。」西元一九四九年三月十日則是寫下了這段文字：「正亭來訪談國共人物勢力，頗關心時局，……老蔣心腹……皆叛焉，能復與中共戰乎！」

除此之外，蔣渭水之弟、二二八事件受難者蔣渭川留下日記遺稿，蔣渭川女兒在西元一九九一年出版這份日記遺稿，並且命名為《二二八事變始末記》，這時距蔣渭川在西元一九七五年過世（享壽八十歲）已經十六年了，距離二二八事件更已經過了四十四年。在《二二八事變始末記》之中，蔣渭川在日記提及：有一位青年在三月三日至八日這幾天，多次尋找蔣渭川，要求他帶領群眾打倒政府，並且宣稱自己可以號召千名青年。蔣渭川後來得知，這位青年名叫林正亭。蔣渭川的日記，留下了非常珍貴的第一手資料。

次級資料的部分，對白色恐怖多有研究的歷史學者許雪姬曾經在西元二〇〇一年出版《林正亭的生與死》一書，為林正亭的生平研究奠定了重要基礎，書中附有林正亭長子林為民的口述歷史，以及他提供的歷史照片。在此書出版的前後，也有若干篇幅稍短的史料，例如文史研究者藍博洲在西元一九九三年曾寫下〈第一個刑死馬場町的臺灣人——霧峰林家第廿一世林正亭傳奇〉，不過許雪姬教授認為這篇文章「不是史著，而是文學創作」；邵銘煌在西元二〇一三年也發表〈參加中國遠征軍的臺灣人林正亨〉。

除此之外，李崗監製、許明淳導演的《阿罩霧風雲》歷史紀錄片，分別在西元二〇一三年、西元二〇一五年推出上、下集，下集對林正亨頗有著墨；李崗與多位作者把拍片蒐集的相關資料在西元二〇一三年出版成書《穿越霧風到林家：一個橫跨百年的家族素描》，其中有一篇以十三頁的篇幅特別介紹了〈「烈士」的孩子——林為民與林青〉，很難得提到了林正亨幼女林青以及悲慘遭遇。對岸的台海出版社也在西元二〇一五年出版了《林正亨畫傳》，補充提供了一些有歷史意義的彩色照片。這些文獻對這一段歷史各有重要貢獻。然而，相較於林正亨與林青父女兩人所經歷的生命苦難與折磨，這樣的篇幅仍然大有不足，尤其是諸多心路歷程，值得以更細膩、更鮮明的方式來呈現。

林正亨在西元一九五〇年在馬場町被槍斃，至今已經匆匆七十多年。這段時間說長不長，說短不短。當年的許多見證者如今仍有不少人健在。儘管林正亨的罪名已經獲得了促轉會的平反。然而，此一白色恐怖案件對於林家子女所留下的傷痛，卻還沒真正受到撫平。最起碼，應該還原林正亨遭到槍斃的真相。唯有進一步深入研究，還原歷史真相，才能落實真正的平反。

贌社制度的起源是荷蘭嗎？還是戰國時期？

研究臺灣史的人一定都知道「贌社」，據說這個制度的起源，是荷蘭人（正確名稱是尼德蘭人）西元一六二四年來到臺灣之後，為了管理當時的原住民與漢人，所以採取了「承包」制度，由承包者對荷蘭人承諾上繳一定的財貨，從而取得代為管理原住民及漢人「稅收」的權力。

一般研究者多數認為，「贌社」起源於荷蘭語的 **Pacht** 一字，這個字的根源是拉丁文 **Pactum**、**Pactus**，意為領主與稅收承包者的合約。基督教提到的「救贖之約」，拉丁文是 **Pactum Salutis**，就是這個字。

先前在閱讀時發現，原籍臺灣的日本歷史文學家陳舜臣，在其《成吉思汗一族》提及窩闊台時期已有「撲買」制度，在第二冊五三二頁指出：「所謂『撲買』，是指承包徵稅。」並且具體提到河南的稅收。

「撲買」、「贌社」，意思幾乎一樣，都是承包徵稅，第一個字又幾乎同音，這不免讓人好奇兩者之間有什麼關聯。

從歷史來看，窩闊台會使用「撲買」，其實是繼承了先前金國已有的制度。西元一二三〇年，窩闊台在占據金國的部分領土之後，開始沿用金國的收稅方式。《金史》：「所謂撲買者，通計坊該得稅錢總數，俾商先出錢，與官買之，然後聽其自取稅以為償也。」當時對「撲買」也稱為「射買」。

根據考證，這個制度其實不是金朝所創，唐代晚期已經存在，宋朝就很盛行。《宋史》提及：「自成都始，先罷公帑賣供給酒，即舊撲買坊場所置隔釀，設官主之，民以米入官自釀，斛輸錢三十，頭子錢二十二。」元朝也有相關的記載：「劉庭玉者，以銀五萬兩撲買燕京酒課，又有回鶻，以銀一百萬兩，撲買天下鹽課。」

撲買制度的出現，主要是在一些稅源分散、稅額較少的地區，由政府設官管理未必划算，但是又不想放棄當地的稅收，所以乾脆讓私人承包。

撲買承包制度有期限，不同時期的期限長短不一樣，一般是一年或三年。

有歷史研究者認為，「撲」的音與「博」音相近，所以「撲賣」也可以寫成「博賣」，如此一來，歷史還可以追溯到戰國時期。事實上，承包機制本來就有一點賭博性質，歷史上因為承包而賺大錢的例子有不少，但是因為承包而慘賠的情況也時有所聞。

荷蘭統治臺灣時期的「贌社」，跟唐、宋、元以來的「撲買」制度，到底有沒有關係？

是蒙古西征之時，把這個制度帶到歐洲嗎？還是西方本來就有這樣的制度，而且向東流傳到唐朝？或是，東西方在承包制度的名稱，不約而同選了發音類似的用字？至於「贌社」在臺灣出現，是荷蘭人提出的嗎？還是明朝末年來到臺灣的漢人，提出唐朝已有的構想？歷史真是太有趣了，值得後續繼續研究。

在社群媒體上，出現不少日本人把水獺當寵物養的影片。呆萌呆萌的樣子，還真是可愛，讓人忍不住心動。要先提醒的是，水獺在臺灣是已瀕臨絕種的「極危」保育類動物，不能私自飼養、販買。

水獺在日本與臺灣，都曾經非常普遍，如今早已消失，臺灣只剩金門還有；日本人飼養的水獺是小爪水獺，大多是從東南亞進口，不是日本的原生水獺。

水獺種類很多，臺灣的水獺應該是歐亞水獺，這種水獺與江獺、小爪水獺都是亞洲常見的水獺，小爪水獺的體型最小。

清朝光緒二十年（西元一九八四年），恆春知縣陳文緯主修、屠繼善總纂的《恆春縣志》就記載了水獺：「似狐而小，青黑色，膚如伏翼，一名水狗。」

日治時期學者青木文一郎，在西元年將臺灣的水獺歸類為歐亞水獺亞種的中華水獺的一個族群。堀川安市西元一九三二年出版的《臺灣哺乳動物圖說》提到水獺分布於全島海拔一千五百公尺以下的沿岸與河流。

儘管在西元一九八〇年代，臺灣還有關於水獺的零星記載，但是最後一次確切記錄是西元一九八九年在楠梓仙溪上游捕獲兩隻水獺，在那之後就已沒有記載。目前只剩下金門還可以見到野生水獺的蹤跡，動物學家估計只剩下不到兩百隻，而且數量還在繼續下降。

根據考古研究，在臺南市的菜寮溪流域有發現水獺化石，年代推測是更新世中期，距離現在一百萬至四十五萬年前。在臺中市沙鹿區的南勢坑考古遺址，也發現水獺的骨骸，同時也發現其他動物的骨骸，推估距離現在八百至四百年前，是原住民捕食之後的殘骸。

水獺很早進入人類文明，在新石器時代遺址就有水獺蹤跡，也被人類記載，最有名的是戰國時期成書的《孟子》提到：「為淵驅魚者，獺也。」西漢成書的《禮記》提到：「獺祭魚，然後虞人入澤梁。」

晉代干寶寫的《搜神記》提到水獺成精，化為女子魅惑河邊行人。古人不但觀察水獺的習性，還寫進了小說，甚至早就開始馴養。南朝梁的《本草圖經》記載：「獺，……北土人亦馴養以為玩。」

人類不只玩獺，還變成捕魚產業。唐朝段成式寫的《酉陽雜俎》記載有人「養獺十餘頭，捕魚為業」。後來幾個朝代的「水獺漁業」也非常興盛，史書都有記載。一直到了西元一九六〇年代以後，隨著全世界的人口激增與工業化的大規模發展，環境污染嚴重，各地的水獺陸續傳出瀕臨絕種，臺灣的水獺也難逃浩劫。

提起已經絕種的臺灣原生種動物，許多人最知道的是雲豹，但是絕種已久。水獺在臺灣本島的滅絕時間才三十年，幸好金門仍有。

愛臺灣，不能只是感嘆並且懷念已經絕種的臺灣原生動物，更該認真珍惜正在瀕臨絕種的水獺、石虎等珍貴物種。

繼公視電視劇《斯卡羅》之後，《茶金》接棒引發大家對歷史的熱議。學歷史有什麼用？很多學生經常這麼問。西元前五世紀的古希臘學者修昔底德曾說：「歷史會重演。」西元六世紀唐太宗李世民也說過：「以史為鏡，可以知興替。」兩人不約而同，說出歷史的重要性。

歷史，也可以不必這麼沉重，單純當成故事看，當成影視創作的改編素材也很好。不管是鑒往知來，或者是欣賞歷史趣味，或許還是會有人覺得這兩者的實際應用的價值不大。是嗎？

厲害的來了，誰都沒想到歷史再度當道，而且竟是用這種面貌。當臺海兩岸的緊張氛圍，隨著共軍軍機繞臺而漸漸升溫。當中國崛起，中、美兩大強權的對抗，會不會陷入「修昔底德陷阱」？全世界都在關注。

未來會發生戰爭嗎？還是，戰爭其實早已開打，以一種全新的名詞——認知作戰。

認知作戰其實不是新鮮事，古代兵家早就說過：「攻心為上。」不過這個議題受到關注，跟中共先後提倡「三戰」（輿論戰、心理戰、法律戰）以及認知作戰有關。

三戰從西元二〇〇三年提出以來，討論已多；過去一年在臺灣，認知戰才受到比較多的討論，但是早在西元二〇一六年假訊息被認為影響了美國總統大選以來，認知作戰的議題就開始受到注意。

臺灣有研究者指出，中共《解放軍報》曾強調認知戰，尤其「制腦權」，戰術包括：一、透過宣傳敘事進行「感知操縱」；二、「切斷歷史記憶」推廣新價值；三、改變意識形態並「改變思維範式」；四、「解構象徵」以挑戰國家認同。

前面這段話，把歷史變成了認知作戰的利器。但，這是中共解放軍的策略嗎？其實不是。

中國大陸對於認知戰的討論由來已久，曾華鋒、石海明兩位軍事研究人員，在西元二〇一四年由解放軍出版社出版的《制腦權：全球媒體時代的戰爭法則與國家安全戰略》一書，就提到了「制腦權」這個觀念。

曾華鋒接受媒體訪問時指出，他提出「制腦權」，本來是用來批評西方的認知作戰。冷戰期間，美國為首的西方國家就是通過交流，逐漸滲透西方的價值觀念。曾華鋒歸納出「制腦權」的四種主要方式：一是「感知操縱」，美國未來學者托夫勒，在西元一九九三年出版的《戰爭與反戰爭》一書中，強調知識戰略的重要，並且將感知操縱的工具，歸納為六個方面，開創了先河。二是「切斷歷史記憶」，藉此改造人的思想與社會意識形態。簡單講，就是灌輸假的歷史，取代本來的歷史記憶。三是「改變思維範式」，促使人們背離明顯的事實而接受謬誤的結論。四是「解構象徵」，通過嘲諷和戲說歷史輝煌成就、偉大人物及文化，導致人們逐漸喪失原有的認同感。

歷史被當成認知作戰的利器，正好彰顯歷史在當代的重要性。不管到底是誰在發動認知作戰、也不管是誰在利用歷史發揮所謂的「制腦權」，只有能掌握歷史、善用歷史者，才能獲得勝利。

歷史課綱的議題，經常引起許多討論。中國歷朝歷史該有多少比例，這些當然可以討論；相對的，臺灣歷史要如何呈現，也大有思考的空間，尤其目前對臺灣歷史的研究實在不夠多，即使有，也偏重政治事件，未必真正還原了歷史全貌。

從轉型正義的角度來看，所有的歷史都值得重新反省，尤其應該立足於臺灣生命共同體的人本立場。

很多人研究歷史或是談歷史，往往會自覺或不自覺地掉入三種陷阱。第一個陷阱是炒作仇恨：學術研究的主要目的是呈現真實；至於轉型正義的最大目的是和解，要和解，當然要真相。就此而言，學術研究與轉型正義兩者在此殊途同歸。

舉例來說，很多人談論二二八的目的是仇恨，甚至是炒作仇恨。如果討論者是遺族，自然情緒激動，情有可原，非當事人很難知道那種痛。但是如果討論者是政客，為了自己的利益而炒作仇恨，甚至還超出歷史、加油添醋，這就不是研究歷史，也不是轉型正義了。

第二個陷阱是簡化或扭曲歷史：歷史事件都有當時的廣泛社會經濟原因，必須回到原本的時空環境去檢視。宏觀的政治與經濟問題必須檢視，以戰後的臺灣二二八事件等為例，包括日本殖民統治後期的過度剝削，以及過度發行紙幣，還有國民政府接受臺灣初期的諸多疏失，都不能略而不談。即使政經情勢交錯，累積成了後來的二二八事件等悲劇，當時的掌權者當然不容卸責。檢討歷史錯誤，自屬必須，但是政客如果把這樣的錯誤導向特定族群以形成集體仇恨，甚至造成族群仇恨，這就是玩弄歷史了。

第三個陷阱是輕信資料：研究歷史的方法包括口述歷史跟文獻調查，已有很周全的科學研究方法，不能輕信道聽塗說，才是尊重歷史。歷史真相是什麼，必須用嚴格的科學標準來還原。以二二八事件為例，訪問一位耆老得知，很多後來的記載都與他看見的是發經過有出入。這位耆老記憶力極佳，在西元一九四七年的二月二十八日當天，親身站在長官公署門口，直接目睹了當年發生的事件。在訪談中，他講出了很多從未有文獻記載的細節。

先進對於歷史的研究令人敬佩，真想還原歷史，當然應該先拜讀所有嚴謹的研究著作。

回顧重大臺灣歷史事件，常常是從口述歷史的角度來呈現。眾所皆知，第一手的口述歷史非常珍貴，當事人親身經歷、感受最深刻，但是也要注意，因為任何個人的回憶都未必完全可靠，一定要透過嚴謹的交叉比對，才能客觀還原歷史。

回憶有多不可靠？美國曾經做過研究，在轟動世界的西元一九八六年太空梭挑戰者號升空爆炸事件隔天問受訪者：「當時你在做什麼？」同樣的問題，兩年多之後再問，超過三分之一的人，答案竟完全不一樣了。由此可見，人的記憶非常不可靠。心理學的研究發現，其實人類每回憶一次，記憶就被重寫一次，就像電腦檔案存檔一樣。

曾經因為推動臺獨運動而流亡海外多年的彭明敏教授，在西元二〇二一年投書《自由時報》，這篇題為〈「口述歷史」是歷史嗎？〉的文章指出，「年近九旬的李先生將獄中傳聞信口脫出，涉嫌誹謗劉金獅先生。但訪談者卻沒向劉先生再做查證」，「造成兩位政治受難者『上半輩子蹲了苦牢，下半輩子還要對簿公堂』。」

彭明敏教授的文章還有感而發：「歷史學者真的將這種『口述歷史』認為是學術作品嗎？有口述者可以把人描寫得幾乎誹謗地步，我被寫得像一個白目的怪物」。由此可知，從事口述歷史訪問必須謹慎比對查證。

立足臺灣，學習歷史，不只是為了以史為鑒，這也是人文情懷的重要基礎。歷史課綱最合宜的比重，這點可以討論，但是千萬要切記，觀點或有不同，事實不容出入，絕不能讓政治立場左右歷史真相。

HISTORY 137

穿越臺灣趣歷史2：從猴猴族到茶金，考古最有戲的臺灣史

編　著—賴祥蔚
主　編—謝翠鈺
企　劃—鄭家謙
封面設計—兒日設計
美術編輯—SHRTING WU、趙小芳

董事長—趙政岷
出版者—時報文化出版企業股份有限公司
108019 台北市和平西路三段二四〇號七樓
發行專線—（〇二）二三〇六六八四二
讀者服務專線—〇八〇〇二三一七〇五
（〇二）二三〇四七一〇三
讀者服務傳真—（〇二）二三〇四六八五八
郵撥—一九三四四七二四時報文化出版公司
信箱—一〇八九九　台北華江橋郵局第九九信箱
時報悅讀網—http://www.readingtimes.com.tw
法律顧問—理律法律事務所　陳長文律師、李念祖律師
印　刷—勁達印刷有限公司
初版一刷—二〇二四年十一月十五日
定　價—新台幣三八〇元

穿越臺灣趣歷史 2：從猴猴族到茶金，考古最有戲的臺灣史 /
賴祥蔚作 . -- 初版 . -- 臺北市 : 時報文化 , 2024.11
面；　公分 . -- (History ; 137)

ISBN 978-626-396-957-5(平裝)
1.CST: 臺灣史 2.CST: 通俗作品

733.21　　113016371

ISBN 978-626-396-957-5
Printed in Taiwan